前頁：カメラに手を合わせる酒井師。2008年7月ごろ。
上：若き日の酒井師（左）と弟の栄治氏（法名飯栄・右）。

千日回峰行で雪の中を歩く。

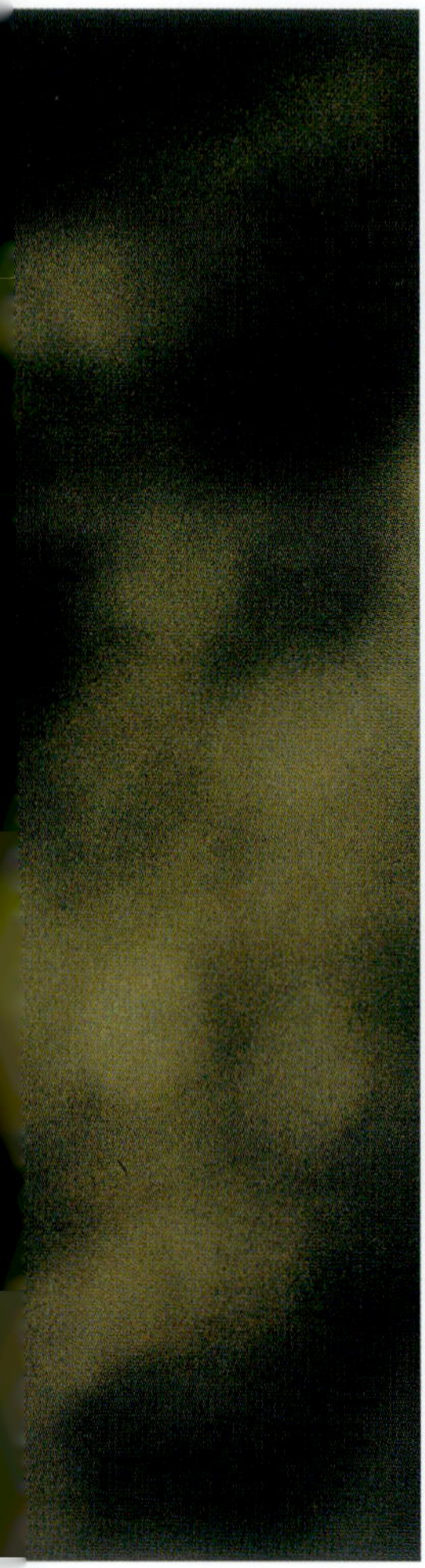

上：千日回峰行の一環、「京都大廻り」の最中、沿道の人々にお加持を施す。
下：千日回峰行で履きつぶしたおびただしい数のわらじ。

二度目の千日回峰満行の日。

大護摩焚きで煙のかたちがふと変化した。白龍に見える。

酒井師が住職を務めた比叡山飯室谷不動堂。

エジプト・ルクソールにて。カルナック神殿の大列柱回廊を見上げる。

人生を楽しく過ごしなさい

天台宗大阿闍梨
酒井雄哉

現代人の
死生観を問う、
大阿闍梨
最期の言葉

誠文堂新光社

まえがき

柏木慶子（旧姓・酒井）

「もう『兄《あん》ちゃん』なんて気安く呼んではダメですよ、大阿闍梨さんになられたのですから」

どなたに言われたのかよく覚えていないのですが、一九八〇年に兄が一度目の千日回峰行を果たして「阿闍梨」になって少しした頃にそう教えられ、以来、「阿闍梨さん」と呼ぶようになりました。

もっとも、二人で話していると、つい「兄ちゃん」と口をついて出てしまったりもするのですが、兄自身はそのことを何も言いませんでした。

うちは十人きょうだいでした。姉、兄、姉、兄、兄、姉、兄、兄、兄と続いて、末っ子が私。阿闍梨さんとなった忠雄兄ちゃんは上から二番目の長男です。私とは十八も歳が離れているので、後年、講演などの際に同行していると、子どもだと思われることもありました。

阿闍梨さんは、なんでも自分ひとりで決めて行動してしまいました。家族はみんな後から知るんです。

出家する覚悟をしたことも、家族はよく知りませんでした。比叡山に上がり、お坊さんになろうとしているらしい、と親戚から伝え聞いただけ。どんなことをしているのかまったくわからないままでした。

私の結婚式にも来てもらえなかったので、新婚旅行の帰りがてら、二人で比叡山に顔を見せに行きました。当時、小寺文頴《ぶんえい》先生のもとにいた兄が忙しく立ち働く姿を見て、お坊さんになるというのはこういうこともしなくてはいけないのかとびっくりした記憶があります。

千日回峰行に入るときも、家族には何も知らせてきませんでした。たしか小林隆彰《りゅうしょう》先生だったと思うのですが、両親のところに連絡をくださって、

「今度、こういう非常に大変な行に入ることになったので、いまのうちに一度会ってあげたらどうか」

と教えていただいたことで、家族ははじめて厳しい修行のことを知り、それから会いに行ったりするようになったんです。

家族になにも知らせようとしない姿勢は、最期まで一貫していました。私はたまにお山（飯室谷《いむろだに》不動堂）に行って、少しばかりお手伝いをしたりしていたので、体調の異変を知っていたのですが、

「ほかのきょうだいたちには言うたらあかんよ」

と阿闍梨さんから強く釘を刺されていました。

癌がわかり入院して手術を受けたときも、お山に帰って療養するようになってからも、ずっとです。

「知れば心配もするだろうし、無理して見舞いに来ようともするだろう。そんなことはしなくていい。だから、知らせないほうがいいんだ」というのが、阿闍梨さんの考えだったようです。

「そうは言っても、身内は元気なうちに会いたいと思っているんじゃないでしょうか。お

知らせしませんか」

ほかのお坊さんが言ってくださっても、頑として、

「いや、知らせなくていいんだよ」

と言うばかりでした。


二〇一三年九月、数日のお見舞いのつもりで私はお山に行きました。まだまだ大丈夫だと思っていたのです。滞在数日後のあるとき、

「慶子さん、阿闍梨さんが呼んでおられますよ」

と言われて、私は普段のようにのんびりと、

「阿闍梨さん、なーに？」

とベッドサイドに行きました。すると、

「わしはもう、あと二、三日しかもたないから」

と言うのです。そして、

「いままでいろいろ世話をかけたな、ありがとう」

と言葉をかけてくれたのです。

大変な修行をして、何度も死をくぐり抜けてきていたから、自分で最期を察することができたのでしょう。阿闍梨さんは普段、ねぎらいの言葉はよくかけてくれますが、「ありがとう」とは滅多に言わないのです。私は胸が詰まり、お別れが本当に間近になっているのだと感じました。

それが九月二十日のことでした。


九月二十三日、朝五時頃お部屋に様子を見に行くと、阿闍梨さんは眠っていました。

そっとお部屋を出て池のほうに目をやると、白い蝶々が二匹、ヒラヒラと飛んでいるのが見えました。何回か池の上をくるくる回ったかと思うと、スーッと杉の木の上に上がって消えていきました。

それを見たとき、「いよいよお迎えが来たんだ。仏様は、今日、阿闍梨さんを連れて行ってしまうのでは……」という思いが胸をよぎりました。「あと二、三日しかもたない」と阿闍梨さんが言ってからちょうど三日目です。

一時間ほどしてまた様子を見に行くと、今度は目を覚ましていて、自分で起き上がろうとしていたところでした。

「おトイレ？」と言うと、ウンとうなずいたので、身体を支えながらトイレに行きました。

そのとき、爪が伸びているなと思ったものですから、

「阿闍梨さん、爪、切りましょうか」

と言ったら、またうなずいたので、手の爪と足の爪を切ってあげました。

切り終わると、にっこりしながらかすれ声で、

「ありがとう」

と言ってくれたんです。

穏やかな、本当に仏様のようなお顔をして。

阿闍梨さんが息を引き取られたのは、その日の午後のことでした。

あの白い蝶々は、やっぱり阿闍梨さんをお迎えに来た仏様のお使いだったのかもしれません。

悲しいことは悲しいのですが、これで阿闍梨さんは痛みや苦しみから解き放たれたのだ

と思うと、けっして悲しむべきことではないようにも思えました。阿闍梨さんはとにかく我慢強いので、どんなに痛くても、苦しくても、辛さをまったく口にすることがありませんでした。その我慢強さが、病院にかかるのを遅らせ、癌の発見を遅らせてしまったのはとても皮肉なことです。

大変なことの多かった人生でしたが、心から「安らかに休んでください」という気持ちでした。

阿闍梨さんのお葬式が済んで、家に帰って片づけをしていると、最後に爪を切ったときの爪のかけらがひとつ、あの日着ていた私の服のポケットから出てきました。思いがけないところに「阿闍梨さんのお形見」が残っていたのです。

阿闍梨さんが残してくれたお形見は、小さな爪のかけらだけではありません。折々にかけてもらった言葉が、心の中にしっかりと残っていて、それを思い出すといつも心が温かくなってきます。

例えば、私がお堂にお花を生けていると傍でじっと見ていて、

「花にも一本一本みんな顔がある。その顔の向きをどうすればきれいに見えるかと考えると、心のこもった花が生けられるよ。花を見て、その命に感謝して、どこが顔かな、と見てごらん」

と教えてくれました。

いまも、私はお花を生けるときにはいつもあの言葉を思い出し、お花に、そして阿闍梨さんに「ありがとう」と言っています。

お山に行くと、私が泊めてもらう部屋に、夜、阿闍梨さんが来てくれて、いろいろお話をしました。悩みごと、困ったことを話すと、

「いろいろ心配なこともあるだろうけど、人生の流れというのは仏様の計らいだからね、なるようになるものや。今日一日をどう楽しく暮らしたらいいかと考えていたら、なんとかなっていく。いまを楽しくすることを考えていたら、人生はなんとかなるんだよ」

阿闍梨さんの言葉を聞いていると、心がスーッと楽になっていきました。

二〇一九年九月で七回忌を迎えますが、私はいまも阿闍梨さんが近くで見守ってくれて

いるような気がしています。

このたび、阿闍梨さんが全幅の信頼を寄せていた鷹梁恵一さんが、阿闍梨さんの晩年の様子や、阿闍梨さんがお話ししていたことをまとめてくれることになりました。

病気も老いも死も、人間誰しもの身に訪れることです。それとどう向き合っていったらいいのか、この本を手に取ってくださったみなさまが、阿闍梨さんの言葉から「いまを楽しく生きる」ための心がけを感じていただき、「生きることへの元気」を持っていただけますことを、心より願っています。

目次

第三章　自分の「本線」が定まると人は強くなれる　117
～行も人生も無始無終

第四章　普段着の阿闍梨さん　149

序章

阿闍梨さん最期の一日

「わしが死んでも泣くことはないよ」

「嘆き悲しんだり、『もっとああしておけば』と自分を責めたりするんじゃないよ」

「命は仏様から授かったもの、だから粗末にできない。限りある命を大切にするということは、どんなときも楽しんで生きなさい、ってことだよ」

「君も、生きている『いま』を精いっぱい楽しみなさい」

「人生を楽しく過ごしなさい」


九月に入ってから、酒井雄哉大阿闍梨の自坊のある比叡山飯室谷の不動堂長寿院に向かうたびに、この数か月の間に先生がかすれた声できれぎれに話してくださった言葉が頭の中をぐるぐるめぐっていました。


東京の病院から自坊に戻られた先生の具合は、芳しくありませんでした。調子のよいときは笑顔も出ますが、日を追って弱られていくのがわかります。もはや癌に対してできる治療法はなく、酒井先生の病状は終末期を迎えておりました。

「最期のときをお寺で過ごしたい」

という先生の希望を受け、自坊での在宅療養の態勢を整えました。東京の病院の看護チームとはホットラインがつながっていて、こまめに指示を仰いでいましたし、何か体調の急変があったときには地元の医師が麓から駆けつけてくれることになっていました。いわゆる「看取り」段階に入っていたのです。

＊

そのときが、確実に迫っています。しかし、その日を冷静に迎えられるか、私にはまったく自信がありません。

先生の様子が気がかりで、どこで何をしていても、心穏やかではいられませんでした。つねに、お山（飯室谷の自坊）から急を知らせる電話がかかってくるのではないかと案じる日々。ですから、お山に到着した私に先生が優しいまなざしを向けてくれるだけで、もう涙があふれてきそうになるのです。

そんな湿った気持ちを振り切るように、ことさら明るく大きな声で、

「先生、来ましたよ！」

と叫びながら入っていきます。

*

その日、二〇一三年九月二十三日の朝もそうでした。

私の声に気づいた誰かが、リレーのように大きな声を張り上げてくれました。

「鷹梁《たかはし》さんが来たよ」

先生の病室になっていたのは、三昧堂の下にある客間にしていた部屋です。先生の妹の慶子さん、お寺の事務方の人たち、親しい信者さんなど、五、六人いたでしょうか。

すでにはっきりとした声を出せる状態でなくなっていた先生は、(おぉ、来たか)と目で語ってくれます。その穏やかな様子に、ホッと胸をなでおろしました。

しばらくすると、親しい信者さんの一人が「一度帰って、また来ますわ」と席を立ちました。この様子なら、今日は容体が急変することはないだろうと思ったからです。それぐらい状態は落ち着いていきました。

＊

昼近くになると、先生が枕元に置いてあった鞄に手を伸ばして、何かを取り出しました。ご自身のクレジットカードです。それを私に差し出して、

(みんなで昼ごはんを食べに行っておいで)

というように口を動かされました。

私たちのお昼の心配をしてくださっているのです。

私はかぶりを振りながらそのカードを先生に押し返しました。

「大丈夫ですよ、先生。向こうの台所でおにぎりを作ってくれていますから、みんなで交代で食べます。そんな心配しないでください」

先生は（そうかい？）という顔をされながら、カードを鞄にしまいました。

＊

昼を過ぎてしばらくすると、先生は慶子さんに支えてもらいながらトイレに立ちました。

このときも、ご自身で歩いてトイレに行くことができたのです。

戻ってきて先生がベッドに横たわると、誰かが天井の羽蟻に気づきました。一匹、二匹ではなく、数十匹はいます。

羽蟻？　私は胸がザワッとしました。先生の人生において、羽蟻はちょっと「ワケあり」なのです。イヤな予感が走りました。

羽蟻は次々とどこからともなく湧いてくるような感じで、払っても払っても取りきれません。しまいには皆ではたいたり掃除機で吸い取るしかないほどでした。

＊

羽蟻騒ぎが落ち着いて、部屋に静けさが戻ってきました。

突然、先生がむっくりと上半身を起こしました。そして、ベッドの周りを取り囲んでいる私たちのほうに顔を向け、読経のように口を動かしはじめました。

手で梵字を切り、皆の頭の上に手をかざして祈祷《きとう》を始められたのです。

朦朧とされているなかで無意識でやっているのか、はっきり意志をもってやっているのかはわかりません。けれども、それは私たちがよく知っているお加持《かじ》の動作でした。心の中で、酒井雄哉大阿闍梨さまの生死をかけた最期のお加持です。

居合わせた者は、みな声が出ませんでした。

「ああ、ついにお別れのときが来た」と私は感じました。流れ出ようとする涙をグッとこらえました。ここで先生に泣き顔なんかを見せてはいけないと、ひたすら手を合わせていました。

最期にお加持をなさるとは——。先生は、最期の最期まで、利他の心で阿闍梨としての自分の仕事を全うされようとしていたのです。本当に先生らしい最期だと思いました。

*

それがどのくらいの時間だったのか、五分ほどだったかと思います。長いような短いような時間でした。祈禱が終わると、先生は静かにベッドに身を沈めました。

枕元に置いてある卓上酸素供給器の酸素飽和度の値が下がります。ホットラインでつながっていた東京の看護師の指示で、酸素をより多く送り込むため、経管酸素から酸素マスクに切り替えました。

マスクを口にあてると、少し呼吸が楽になったように見えました。

「耳は最後まで聞こえている」と医師から聞いたことがあったので、私は先生の耳元に話しかけました。

「先生、お側に置いていただき、本当にありがとうございました！」

慶子さんは
「阿闍梨さん、阿闍梨さん」

と何度も呼びつづけていました。

そして酒井先生は、静かに、眠るように逝去されました。午後二時二十七分でした。

白装束の酒井先生が回峰行で山を駆け巡る姿は、山肌を舞う白い蝶のようであったと評されることがあります。

この日、酒井先生とご縁のあった何人かの人が、白い蝶の舞うのを見たと語っています。

二〇一三年（平成二十五年）九月二十三日　酒井雄哉大阿闍梨　飯室谷長寿院にて遷化《せんげ》
（世寿《せじゅ》八十八）――

命というのは、
一本のろうそくのようなもの
かもしれないね。
最後まで完全に燃え尽くしてこそ
ろうそくの役目を果たしたことになる。
わしは行者だから、
完全に燃え尽くすというのは
拝んで拝んで拝みたおすことだろうね。

酒井先生が亡くなられて六年が経ちます。

出版のお手伝いをしていた私のところには、先生の著書の重版のお知らせが届きます。いまなお版を重ねたり、文庫化されたりと、先生の言葉の力を実感している日々です。

酒井先生とご縁のあった人にお会いして、いろいろお話しする機会があると、

「ああ、阿闍梨さんが近くにいてお話ししてくれているよう。なんだか元気が湧いてくる。病気も治ってしまう気がする」

「晩年、そんなことがあったんですか。全然知りませんでした。鷹梁さん、そういうお話をあなた一人の胸に収めておくなんて、ずるいですよ。阿闍梨さんの言葉を、私たちにも、もっと教えてください。みんなが知りたいですよ」

などと言われたこともあります。

先生が亡くなられて、もう私がお手伝いすることはなくなったと思っていたのですが、そういう声を聞いているうちにハッとさせられたのです。

私が酒井先生のお側で時間を共に過ごさせていただいたのは十数年ほどの間です。先生の生涯を考えれば、命をかけた行の数々をやり遂げられた後の、晩年のわずかな時間です。

ただ、インタビューや対談、講演などの場に立ち会っていましたので、先生が語られることを間近でよく聴くことができる非常に幸運な立場にありました。先生の生きた言葉に、誰よりも数多く接していたということがいえます。

言葉には「言霊《ことだま》」が宿るといいます。先生は難しい言葉を使いません。苛酷な行を経験されてきたからこそ言えること、わかることを、本当に心の通った、魂のこもった言葉で話されていました。先生が身をもって伝えようとされていたことをもっと知りたいという方がいるのであれば、先生の言葉に生きる勇気や元気をもらえるという方がいるのであれば、自分だけの胸にしまわずに皆さんにしっかりとお伝えすることが、自分のやるべき「仕事」ではないかと思うようになったのです。

この本の「著者」をあえて先生の名前にさせてもらったのは、原稿をまとめ上げたのは私、鷹梁ですが、元になっているのはすべて酒井先生の言葉であり、私が先生の代わりに「書かせていただいた」ものだと思っているからです。

酒井先生のありし日のお姿を思い浮かべながら、先生から聞いた言葉、そして私が垣間見ることのできた先生のお姿について、お話ししていきたいと思います。

人生を楽しく過ごしなさい。

第一章

死は終わりではない

口中の異変

二〇一二年六月末、東京駅。

いつものように人で賑わい混雑している新幹線のプラットホーム。列車の発車音が響くなか、到着したのぞみ号から酒井先生が降りてきました。

「お疲れさまでした。結構混雑していましたね」

「うん、でもわしの隣の席には人はいなかったよ」

この日、先生が東京に来られたのは、働く女性たちをテーマにした講演イベントで対談をするためでした。対談のお相手は、当時、厚生労働省雇用均等・児童家庭局長（のち厚生労働省事務次官に就任）だった村木厚子さんです。

村木さんは、身に覚えのない罪で逮捕・勾留されるという大変な経験を乗り越えられた方です。獄中にいるときに、知人から差し入れられて読んだ酒井先生の『一日一生』が、心のよりどころになったというのです。

それがきっかけとなって、前にも雑誌の企画で村木さんが比叡山に先生を訪ね、対談されたことがありました。

その村木さんとの公開対談、しかもこの日は大勢の聴衆の前でトークをするというものでした。

「あのなあ、今日、わし、入れ歯を入れてないんだよ。こんなんで、話がきちんと聞き取れるかい？」

先生はちょっと心配そうに言いました。

「どうされたんですか」

「入れ歯が合わなくてな、回峰行中に世話になっていた歯医者で治してもらっているんだよ」

「そうですか。いつもの滑舌とはちょっと違いますけど、大丈夫ですよ、聞き取れますよ」

「それならいいんだけど」

こんな会話をしていました。

働く女性を応援するイベントだったので、会場には大勢の女性が集まっていました。

村木さんは、検事の取り調べに神経をすり減らし、不安でいっぱいだったとき、酒井先生の言葉に救われたという話をされました。

「一日が一生、と思って生きる」

「明日はまた新しい人生が生まれてくる」

「身の丈に合ったことを毎日くるくる繰り返す」

「あせらず、あわてず、あきらめず、無理をしない」

こうした言葉の一つひとつが生きる糧になったそうです。

先の見えない辛い毎日でも「今日一日で、今日は終わり、明日はまた新しい自分になる。今日一日を頑張ればいいんだ」と考えると、「今日一日を頑張るというだけなら、できるかもしれない」と思えたと。

「身の丈に合ったことを毎日繰り返していけば、今日は大丈夫だし、明日もまた大丈夫。とにかく今日を頑張ればいいんだ」と、気が楽になったというのです。

「『一日が一生』という言葉は昔からあるんだけど、自分が本当に実感できたのは回峰行で山を歩いているときなんだよ。

千日回峰行というのは、七年にわたって約四万キロメートルを歩くんだよ。ずーっと坂を上っていって、ようやく上り切ると、平らな道になる。横ばいが続いたら今度は坂を下っていく。上りがあって平坦で次に下に落ちる。ずっと上りもなければずっと下りだけということもない。

一日のなかで、何度も上り下りを繰り返す。それはどちらも長く続かず、繰り返される。下っていけばまた上るときが来る。

それを毎日毎日やっているわけ。そうすると、それが人生のように思えてね。成功するときもあれば失敗することもある。でも、失敗しちゃって下に落ちるときも、ずっと下っているだけじゃないという心構えができて、不安にならないようになったんだよ。

今日一日、山を回って帰ってきて、今日の回峰は今日で終わり。明日はまた明日と。山を歩くわらじは、一日でぼろぼろになるの。だから、次の日はまた新しいわらじを履いて出ていく。自分もわらじと一緒だなって思えてきたんだね。

このわらじと同じように、今日の自分は今日でおしまい。明日には自分も生まれ変わるのかなあって。そのときに『一日が一生』ということの意味がわかった。

そう考えるとね、自分にとって大事なのは『今日』『いま』なんだなあ。千日というのも、『今日』『いま』の積み重ねなんだよ。それをくるくる繰り返せばいいんだ」

先生は「一日一生」という言葉について、千日回峰行の体験になぞらえて話されました。

講演の帰り際、車の中で酒井先生はこう話しました。

「日本もすごくなったね。あんなにキャリア志向の女性たちが集まっているんだから、男もウカウカしていられない時代になったね」

それから二週間後、比叡山へ伺い、気になっていた先生の歯のことを聞いてみました。

「それがな、地元の歯医者では治療ができないから、大きな病院へ行って診せてほしいと言われてな、レントゲン写真がそこにあるんだけど」

先生は封筒に目をやりました。

「だけど、山の仕事が忙しいから、まだ行っていないんだよ」

「大丈夫ですか、医者のメドはついているんですか」

辛いこと、苦しいこと、
生きていれば
ボロボロになるようなことがあるよ。
だけど、今日の終わりとともに
それも今日でおしまいにするの。
明日はまた新しい自分になる。
それが『一日が一生』ってことだよ。

「ああ、お寺に出入りしている知り合いに紹介してもらうことになっているんだよ」

「そうですか、じゃ、先生大丈夫ですね」

「大丈夫だよ。それよりまた本をやるんだろう。わしいつも同じことばっかり言っているからな、大丈夫なのかい」

いま思えば、先生は、歯の治療話には触れられたくなかったのかもしれません。ある出版社からのシリーズ本で、すでにカバーの色が黄色の本は刊行済み、次は緑色にしようと編集者と相談していました。先生にご相談をすると、

「緑は縁起がいいからね。大地を表すから」

と快諾してくれて、いつもと変わらず雑談をしながら時間は過ぎたのです。

でも、その間にも癌は、先生を蝕んでいたのです。

病院嫌い

二〇一二年の秋のことです。先生と話をしていると、左側の頬が少し腫れているように

見えました。

「あれから医者にはちゃんと行っているのですよね？」

と聞きました。

「行っているよ」

「今度はいつ、そのお医者さんに行くのですか？」

「電話が来るのを待っているんだよ」

「そうですか」

その翌週お会いすると、どう見ても先週よりは頬が腫れています。

しかし、その話をしはじめると、なんだかんだと先生はすぐに話題を逸らしてしまいます。

その日、飯室谷から帰る際、お寺の事務方の人に車で駅まで送ってもらう途中で尋ねました。

「先生はどこの病院へ行っているの？」

「それが……みんな心配をしていなはるんですけど、病院という話をしようとすると、阿闍梨さんから叱られてしまうんです。だから、言うに言えないんです」

「先生はどこの病院にも行っていないの？」

「それが、ようわかりません。妹の慶子さんが言っても『うるさいな』と怒りはります。みんなほとほと困っているんですわ」

驚いた言葉とともに怒りが湧いてきました。

「先生、どこにも行ってないの。じゃあ私が酒井先生に言うよ」

「そうしてもらえますか、助かります。鷹梁さんだったら、阿闍梨さんも怒らないかもしれません」

「いや、怒られてもいいよ。じゃあ病院も、心当たりのところに手配させてもらうからね」

さっそく、京都駅から信頼している医療関係の知人に連絡を入れ、病状の説明をしました。もっと詳しいことを知りたいと言うので、新幹線に飛び乗り、東京駅に着いたその足で病院へ駆け込みました。

医師は、本人が病院に来たがらないのならば、とりあえず腫れているところの写真を撮ってきてほしい、と言いました。

翌日、ふたたび飯室谷へ向かいました。

このときほど東京と京都の距離を長く感じたことはありません。

飯室谷へ着くと、怒鳴られるのを覚悟で座敷に上がり、先生が出てこられるのを待ちました。

奥から出てきた先生は、怒りませんでした。それどころか、私の話を聞いてくれて、患部の写真を撮ってもいい、と言います。

先生の頬から顎、口の中までを、写真に収め、東京にとんぼ帰りしました。

写真を見た部長医師は、

「これは大変なことになっている。この病気の専門の先生に連絡するから、明日まで待って」

と言いました。

翌日、部長医師から連絡がありました。

「慈恵医大病院の専門医に話をしてある。酒井さんがいつ来られそうか、日程を急いで知らせてほしい」

事態は急を要していることがはっきりわかりました。

電話で話すことではないと思って、先生の都合を聞きに、再度、飯室谷へ上がりました。しかし、このときも先生はそれほど深刻なこととは思っていない様子で、手帳をめくりながら、

「そうだなあ。年末はいろいろ忙しいなあ」

と言います。

「先生、早いほうがいいです。専門の医師に話を通してあります。普通、検査をして結果がわかるまでには何日もかかりますが、先生のお手間を省くために、一日で診察までしていただけるようにお願いしました。ですから、できるだけ早い日にちを一日だけ開けてください」

「そう、わかった。じゃあ、十二月の十四日に行くわ」

「わかりました」

病院になんか行きたくないと言われることも想像していたので、とにかく検査と診察を受ける気になっていただけたことに、ほっとしました。

「では、十二月十四日朝八時に、慈恵医大病院の玄関先でお待ちしていますので、必ず、必ず、来てくださいね」

しつこいほど念押しをして、東京に戻り、医師に日程を知らせて当日を待ちました。

癌の告知

酒井先生は知り合いの人を伴って、京都から東京慈恵会医科大学附属病院へ来ました。事務手続きが終わり、紹介された医師のいる耳鼻咽喉科の前で待っていると、看護師がやってきました。

「これから検査を受けてきてください」

指示されたとおりに検査を進めました。結果は午後四時過ぎに出るといいます。

先生も、付き添いの人も、焦りがありません。ある程度治療すれば根治するかのように思っているようです。しかし、医師はできるだけ早く診察に来るように促したのです。その様子から、状況が非常に切迫していると私は感じていたので、心配でたまりません。只事ではないことは確かです。

診療室には、先生と付き添いの人、私の三人で入りました。

検査結果を見た専門の主治医は、

「酒井さん、なんでこんなになるまで放っておいたんですか！」

と言いました。その口調の厳しさが、病状の厳しさを表しているとすぐにわかる言い方でした。

せめて腫瘍が十円玉ぐらい大きさのときに来てくれていたなら、手術で切除するのが容易だった、病巣がここまで大きくなってしまうと、いろいろ難しいと言うのです。

「頭頸癌《とうけいがん》、ステージⅣです」

（ステージⅣ？）、私はあまりのことに頭が真っ白になりました。

「本日からすぐ入院していただきます」

主治医は緊迫した面持ちで言います。

「とにかくすぐに治療に取りかかる必要があります。一刻でも早くしないと大変なことになります」

「急にそんなこと言われても……」

先生は少したじろいだ様子でした。付き添いの人も、

「十二月は、お山ではいろいろな行事が続くんです。大晦日も忙しいし、新年の護摩法要もあるし……」

などと言っています。

「護摩と命とどっちが大切なんですか！」

私は思わず声を荒らげてしまいました。主治医はレントゲンを見せ、

「のんびり構えている時間の余裕はありません。ここまで進行している。はっきり申し上げてしまいますが、このままではあと二か月くらいしか命がない、そういう状況です」

主治医のこの言葉に、一瞬その場の空気が凍りつきました。

「えっ？　余命があと二か月？　そんな状態なんですか」

声を振り絞って聞くと、主治医は大きくうなずきました。

「すぐになんらかの処置をしないと、その二か月の命の保障すらできません。癌が頸動脈を噛んでいるので、万一これが破裂すれば、その場で死にいたります」

その後、病状のこと、治療としてどういうことが考えられるかなどの話がありました。

「今日は入院の準備をされていないことはわかりました。治療開始の時期はご本人のご都合に合わせるしかありません。年内が無理なら、正月休み明け、来年一月七日に必ず入院してください」


東京駅に向かう車中、みんな無口でした。

余命二か月……それも二か月は大丈夫だというわけではなく、いつ何が起きてもおかしくない状況、死と背中合わせの状況にあるのです。

この突然の宣告を冷静に受けとめる心の余裕が、私にはありませんでした。

命にかかわることなのですから、できることなら年末、年始のお寺の行事で先生に無理をしていただきたくない、という思いでいっぱいでした。

命は仏様からの授かりもの

後日、飯室谷を訪ねました。

先生はとくに悲壮感を抱いている様子は微塵もなく、いつものように穏やかな表情でお茶を淹れてくれました。

「まあ、癌だというのには驚いたけど、病気は仕方ないな。いま考えると自分の不始末だな。自分の身体を過信していたんだね。もっと早くに医者に診せていたらよかったのかもしれない。だけど、なんでもそうなってしまったものは仕方ない。あとはなるようにしかならないからね」

淡々としています。

命の大切さを誰よりもよく知っている先生が、なぜすぐに病院に行こうとしなかったのか、その真意は先生ご自身にしかわかりません。

何度も死と隣り合わせの状況を味わってこられたので、突然の告知に対しても冷静でいられたのかもしれません。

「先生はいつも『命は仏様からの授かりもの』だと言ってます。だとしたら、すぐに入院せず、病気をおして護摩焚きのような無理をするのは、仏様から授かった命を粗末にしていることになるのではないですか。私にはそこのところがわかりません。私はまだまだ先生にいなくなってほしくはないのです」

私は思いの丈を先生にぶつけました。

「そうだわなあ、そういう考え方もできるね。だけど拝むのはわしの『本線』だからな。病気がわかったからといって、『すんません、今年は止めさせてもらいます』みたいなことはできんからなあ。

人間、誰だっていつかは死ぬ。長生きになったといったって、ほとんどの人が百歳までに死を迎えてしまう。仏様の迎えが来たら、いくらあがいても無理だよ。自然のままにするしかないね。

仏様から授かった命をどう生きるか。わしはこの歳まで生きて、三万一千何日、生かしてもらっている。だけど、特攻で二十歳で命を散らせた人は七千三百日くらいしか生きることができなかったわけだ。そう考えると、わしなんか、よう生かしていただいたと思うなあ。

仏様から授かった命だから、自分の役目をきちんと果たさないといけないと思うんだよ。君が心配してくれるのはうれしいが、新年の護摩《ごま》焚きはいつもどおりにやって、それから入院するよ」

新年を迎えるにあたり、飯室谷に全国の信者さんから祈願が書かれた護摩木が集まってきます。二〇一二年十二月三十一日、集まった護摩木を焚くために、先生はまさに命がけで護摩壇に座りました。

託されたたくさんの人たちの願いをかなえたいという一心で、入院を先送りしたのです。

手術を受ける

年が明けて二〇一三年一月七日、酒井先生は慈恵医大病院に入院しました。

仏様からの迎えがきたら、
誰も逆らえないよ。
はい、では今生はさようなら、だ。
その日を悔いなく迎えるには、
毎日を自分にできる精いっぱいのことをして
生きるしかないんじゃないの。

入院して数日間は、病状をより詳しく調べるための検査を行います。

頭頸癌、と診断は出ましたが、聞き慣れない病名です。いろいろ調べてみますと、あまり一般には知られていませんが、年々患者は増えているということでした。

一回目のカンファレンスで、あらためて主治医（頭頸癌の専門医で、日本で五本の指に入る名医）からの病状の説明がありました。

頭頸癌でステージはⅣ、末期。本人が望む治療方法の確認がなされました。

行で鍛えられている先生は体力は人並み以上のものがありますが、内臓や身体は年齢なりに衰えています。高血圧のうえ糖尿ぎみでもあって、手術するのは難しい状態だといいます。

高齢、それも八十歳を過ぎてからの手術となると、手術中に亡くなってしまう危険も伴うし、術後、寝たきり状態になってしまうこともある、かなり高いリスクを負うことになると主治医は説明をしました。

しかし酒井先生はきっぱり言いました。

「この病院に来たのは、ほかの誰でもなく、自分が納得して決めたこと。手術をしなければば命がないと聞いた。そういう方法があるなら、やりましょう。そのつもりでここにいるんですよ。

もし、手術中にわしが死ぬようなことがあっても、誰にも文句を言わせませんから大丈夫です。先生にお任せしますから、どうぞやってください。いまここにいて、この話を聞いている人みんなが証人です」

そう言って私たちを見回します。

「そこまで言われるのでしたら、手術をしましょう。われわれにやれることはすべてやらせてもらいます」

「お願いします。その後のことは仏さんの御心次第ですよ」

手術を行うことが決まりました。

しかし、そのカンファレンスの数日後、褐色細胞腫（副腎から発生する腫瘍）の疑いが強く出ている、と主治医から私は告げられました。薬で抑えているけれども、このまま変化がなければ手術を実施するのは難しいというのです。

手術ができなくなってしまったら、状況がさらに厳しくなってしまいます。時間的猶予はありません。

神でも仏でもなんでもいい、どうか先生を助けてほしい、と私は祈っていました。

数日後、主治医から、「この様子なら、手術に向かえるかもしれない」と言われました。

酒井先生の生命力の強さなのでしょうか。少し胸をなでおろしました。


一月二十三日、手術当日――。

耳鼻咽喉科の専門医師や形成外科の医師が、チームで手術にあたりました。予定時間を大幅に超えて十二時間強かかり、終了したのは深夜でした。

手術室の脇の部屋に呼ばれ、主治医から説明を受けました。主治医の顔は蒼白で、いかに大変な手術だったかを物語っていました。切除した顎の部分を見せていただきました。

顎の三分の二を切除したといいます。

「ここまで放っておいて、ご本人は相当痛みがあったはずですよ」

酒井先生は弱音を吐かない方です。周りに痛みを訴えることはありませんでした。我慢されていたのでしょう。

「とれる箇所はすべて切除しました。このあと対面していただけます。麻酔で寝ていますが、お顔を見ることはできます」

一旦、控えの部屋に戻り、ほどなくＩＣＵへと呼ばれ、先生と面会することができました。その顔は、顎を大きく切除したとは思えないほどきれいで、とても大手術を終えたばかりには見えませんでした。

薄暗いＩＣＵで横を向くと、最初に相談にのってくれた部長医師がいました。この病院を紹介してくれた方です。

「心配だったので来ました」

多忙ななか、わざわざ足を運んでくださったのです。

時計を見ると、深夜一時を過ぎていました。酒井先生が目覚めるのは翌朝八時以降になると聞き、一度解散することにしました。

前年の秋からここまでにあったことをいろいろ思い返し、いろいろ無理を聞いていただいた医師の先生方に感謝してもしきれない思いでいっぱいでした。

入院療養生活

ICUから一般の病室に戻った先生は、日を追うごとに元気を取り戻していきました。手術前、場所が場所だけにいろいろなリスクが考えられると主治医から伝えられていました。例えば、癌の進行具合によっては、舌を切り取ってしまわなければいけないこともある、あるいは声帯を取ってしまわなければいけないこともある、そういう可能性もなくはないことを聞かされていたのです。

しかし、そのリスクは回避できました。手術について私が医師から聞いたことを先生に説明すると、

「医者はすごいね、ちゃんと舌も残っているし、おしゃべりもできる。食事もできる。それに、どこを切ったかなんてわからないくらい傷跡が残っていない。自分で見ても、手術をしたように見えないくらいだよ。医者はプロの職人だよな」

と先生は喜んでいました。

入院中、昼間は妹の慶子さんが中心になって身の回りの世話をし、夜は私が付き添う。

夕方になると、夕刊紙を買って病室に行くことが習慣となりました。

先生は、日中誰と誰が見舞いに来てな、などといろいろ機嫌よく話をしてくれました。話の途中でのどが渇き、飲み物を買いにいこうとすると、先生がペットボトルのコーヒーを差し出してくれます。

「君が来るからと思って、今日、散歩に出たついでに買っておいたんだ」

優しいのです。

病院の規定では、面会時間は午後八時までと決められていました。ところが、午後八時近くになると、先生はテレビのリモコンを私に手渡し、

「好きな番組を観てよ」

と言います。

先生の「もう少しいなさいよ」という気持ちだと思うと、私は帰れなくなります。病室は個室でしたので、他の患者さんたちに迷惑がかからないようにしていれば、看護師さんたちも容認してくれていました。

昼間の喧騒から一転し、夜の病院は人の出入りも少なくなります。場所が場所だけに話

し声も抑えてはいましたが、談笑をしてしまうこともありました。

しかし、食事の話になると、少し顔が曇ります。

「やっぱり病院の食事はまずいね」

あまり食が進まないと言います。

「おいしくはないかもしれませんが、ちゃんと先生の身体のことを考えて、栄養バランスよく作ってくださっているのですから、我慢して食べてください」

一日でも長生きをしていただきたい、という思いから、比叡山の酒井大阿闍梨に対して失礼かと思いましたが、思いきって進言したのでした。

手術後二週間が過ぎました。主治医の話では術後の経過は順調で、このままいけば退院の日取りを考えることができそうだ、ということでした。ただし、再発がなければの話だと言います。

手術後に言われていたことを思い出しました。

「酒井さんの場合、もし再発しなかったら二年ぐらいは頑張っていただけるかもしれません。しかし、万一再発してしまった場合は、もって半年ぐらいでしょう」

と、主治医は言います。再発がないことを願うしかありません。

再発、退院延期

四月の初め頃、いつものように夕方、病院に行くと、先生が声を弾ませて言いました。

「昼間な、主治医の先生が来て、退院は五月の連休明けになると言ってたよ。あと一か月はあるけどな」

やっと先の予定を立てられると先生は思ったのではないでしょうか。比叡山（本山）の仕事のこともあったでしょうし、信者さんから、

「何度飯室谷に行っても、いつも玄関が閉まっていて寂しいです。阿闍梨さん、いつ帰ってきなはりますか？」

と言われたことも気になっていたようです。

「多少の病気を背負ってでも、自坊の玄関は開けていないといけないいなあ」

先生は私にそう言っていました。

そのころは、病気のこと、入院のことは、あまり公にしていませんでした。予断を許さない状況だったということもあります。酒井先生が入院しているらしいという噂が流れ、それも関西の病院ではなく東京の病院らしいということで、「なぜ東京の病院なんだ？」といぶかしむ声もあったようです。

いずれにしても、皆さん先生のことが心配でたまらなかったということです。


しかし、予定通り退院、とはいきませんでした。

退院予定日が近づいたある日、主治医から退院の見送りを告げられました。

恐れていた「再発」でした。

手術した部位の周りから粘膜を突き抜け、癌が首筋で暴れ出したというのです。

先生はどんなに自坊に帰りたかったことでしょうか。

信者さんたちも、先生が退院してこられるのを期待をしていただけに、みんながっかりしました。

癌の進行を少しでも食い止めるべく、放射線治療などできることはやってもらいました。しかし癌は皮膚を突き破って大きくなっていきます。

治療のさなか、「こんなにいろいろなことをやってもダメなのか」と落胆し、思わず目に涙をためた私に、先生は言いました。

「わしが死んでも泣くことはないよ」

「『もっとああしておけばよかった』と自分を責めたりするんじゃないよ」

「この世では姿を見ることができなくなっても、いつも近くにいると思えばいいだけだ」

静かにそう言うのです。

いちばん無念に思っているのは当事者である先生なのに、私を励まし慰める言葉をかけてくれたのです。


「死んでいくときは、誰でも一人だよ。『長生きされましたね、大往生ですね』という人も、『まだまだ会えると思っていたんだけど』という召され方をする人も、最期は当たり前だけどみんな一人で死んでいく。

どんな人とも、必ずお別れしなくちゃいけない。別れがあるのが当然なんだから、それを特別なことだと思わないことだね。そのときがいつ来るか、早いか遅いかの違いだけ。そこにとらわれてはいけないよ。

この世では今生の別れとなるが、あの世では再会できると考えたら悲しくはならないよ。

わしの人生も、お別れが近づいてきている。だけど、先にこの世とおさらばするだけ。だから、悲しまなくていいんだよ。

それにね、手を合わせて拝むっていうのは、その人のことを『想う』ことだから、いつでも心の中で会えるってことでしょ。仏の世界に行った人が心にいれば、寂しくも悲しくもないよ」

「無始無終」とは、
始めもなく終わりもなく、
連綿とつながっていくということ。
行も、人生も、命だってそういうもの。
何ごとにも終わりはない、
死も終わりではないよ。

阿闍梨さん、お山に帰る

先生の強い希望により、結局、六月末に退院をしました。もう治療の手立てはない状況でしたが、「阿闍梨さんがお山に戻ってきた」と皆さん大喜びで、信者さん、比叡山の関係者、先生を慕う人たちが、先生の体調を気遣いながら次々と飯室谷を訪れました。

「こうしてみんなに会えるのが、いちばんの命綱だな」

先生はうれしそうでした。

「先生、疲れるようでしたら横になってください」

と私が言っても、

「大丈夫、座って皆の顔を見ながら話すほうが楽しいから」

と、来客を拒むことはありません。大好きなお茶を淹れ、話をすることに幸せを感じているようでした。

本当は、痛みや身体の不調がいろいろあったはずです。それでも、飯室谷に来てくれる人たちの顔を見ていろいろなお話をしたかったのでしょう。それが先生にとって、生きている実感になっていた、だから笑顔でいられたのだと思います。

「自坊は昼間は賑やかだけど、夜は一人になるから心配だとかみんな言ってくれるんだけど、あれこれ気を遣われるより、わしは一人のほうが気が楽なんや。だから、みんなにも言ったんだよ。もし、朝来てわしが死んでたら、その辺に埋めといてくれとな」

「先生、いまのご時世でそんなことをしたら私たちが捕まっちゃいますよ」

「そうか、できんか。残念やなあ。その辺に埋めてもらえたら、木とか花とかの栄養になって、自然の一部になれるんだがなあ」

いつも冗談めかして笑い話のようにしていましたが、ひょっとしたら先生は本気で飯室の自然に還ることを願っていたのかもしれません。


そうしている間も、癌細胞はどんどん身体を蝕んでいきました。

糖尿病がなかったら、もう少し血管が強くあれば、発見がもう少し早ければ、癌細胞を食い止められたかもしれない。しかし悔やんでも、現実は変わらないのです。

周りの人たちにも病気の状態がわかるぐらい、癌が首筋から表面に出てきていました。

「余命を告げられるっていうのも、悪くはないよ。本当に、一日一日の大切さを身に沁みて感じる。こうして限られた日数を生きるようになると、とにかく、その日その日を精いっぱい楽しく過ごすことしか考えなくなるね。

楽しく過ごしていると、元気が湧いてくる。本当にあと数か月の命なのか、もっともっと生きられるんじゃないの？　って思えてくる」

先生にかかると、余命を切られることすらも、人生を楽しむ材料になってしまうのですから驚きです。

先生の話を聞いていると、死への不安や恐怖心が薄れていく気がしたものです。

そういえば、こんなことがありました。

「あの世って本当にあると思いますか？」

と先生に尋ねる人に、先生は言いました。

「あの世ねえ、あると思えばあるし、ないと思えばないだろうね。わしなんかは、あるんじゃないかと思うよ。そのほうが楽しいじゃない」

するとその人は、

「あの世があると考えてもですね、先生は極楽に行かれるからいいでしょうが、わたしなんかは地獄におちるんじゃないかと怖くてたまりません」

と言います。

「わしは年齢的にいって、あなたたちより先に死ぬだろう。そしたらわしな、閻魔さんのところで釜焚きをしながら、あとからみんなが来るのを待っているんだ。そして閻魔さんに告げ口をするんだわ。『こいつは娑婆で悪いことを企んでいた奴です』とか『こいつはなかなか誠実でいい奴でした』とかね。地獄と極楽の仕分けを手伝わせてもらう。でもね、わしが何を言ったところで、本当のところ閻魔さんはすべてお見通しなんだけどね」

そんな話をして座を和ませたものでした。

「結局は、この世でどんなことをしてきたかが大事。人生というのは、閻魔さんのところに行ったときに提出する『人生の卒業論文』をどう書くか、なんじゃないの。それは難しいことを書けとかいうことじゃなくてね、いかに誠実に生きたかどうかなんだと思うなあ」

人生とは、閻魔様に出す
卒業論文を書くこと。
誠実に生きてきました、
と堂々と書けるような
生き方ができるといいね。

第二章

どんな回り道にも意味がある

～仏道に生きるようになった理由

なりゆきというご縁

「坊さんになった動機といってもなあ、みんなによく聞かれるんだけど、わし、最初から坊さんになろうと思ってなったのと違うからなあ……。

若い頃、いろんな仕事をやったけど、何をやっても長続きしなくて、うまくいかなくて、ほんと失敗ばかり。ちゃらんぽらんしているうちに、もう居場所がなくなっちゃったんだよ。

それで、拾ってもらったのが比叡山のお寺。

千日回峰行をやったすごい阿闍梨さんなんて言われてもね、わしはそんなたいしたもんじゃない、普通の人たちとなにも変わらないよ」

「なりゆきで坊さんになった」

酒井先生はいつも、そう淡々と話していました。

けれども、お話を聞いていると、いろいろなめぐり合わせでなるようになった、そういう運命だったのではないか、と思えてならないことがたくさんありました。

先生の言われる「なりゆき」とは、そのときそのときの心の赴くまま、自然なままに行動していると、導かれるように自分の道と呼べるものが開けてくるということのように思えます。


「阿闍梨さん、阿闍梨さん」と誰からも気軽に呼ばれていましたが、正式な呼び名で先生をご紹介すると、

「北嶺大行満大々先達大阿闍梨總一和尚《かしょう》長寿院　酒井雄哉」

となります。

大行満大々先達大阿闍梨とは、千日回峰行を満行した行者に与えられる尊称です。千日回峰は七年間にわたって山の中を巡拝して歩く大変厳しい修行ですが、それを二度、しかも五十代を過ぎた最高齢で達成されています。

比叡山に文献が残る四百三十年余りの間に、千日回峰行を二度満行した行者さんはたった三人しかいません。それほどの偉業を成し遂げた方なのです。

先生の揮毫された書には、「總一和尚」と署名があるものもあります。これも行者最高位の称号です。

それほどの肩書きをもっているお坊さんであるにもかかわらず、先生は誰に対してもまったく偉そうなところがありません。人に上下の区別もつけません。相手が社会的に地位のある人であろうと、世の中に広く知られている有名人であろうと、市井の人であろうと、社会のルールからちょっとはみ出している人であろうと、誰にも同じように気さくな態度で向き合われるのです。

酒井先生に会ったことのある人は、たちまちその柔和で親しみやすい魅力に惹きつけられていきます。私もその一人です。

映像や音楽制作に携わる仕事をしていた私が、知人の紹介で酒井先生にはじめてお会いしたのは、二〇〇四年の春の頃です。

酒井雄哉というお坊さんの存在が世の中に知られるようになったのは、一九七九年一月五日に放送されたＮＨＫ特集『行―比叡山・千日回峰』という番組がきっかけでした。酒井先生の一度目の千日回峰行（一九七三年開始、一九八〇年満行）の映像記録です。

厳しい行に取り組む姿を映像で見て、その精神力に私も感嘆した記憶があります。とくに印象深く心に焼きついたのは、朴訥《ぼくとつ》とした様子で火鉢の前でお話をされている酒井先生の姿でした。私がそれまで抱いていた「行者さん」のイメージとはまったく違っていたからです。

厳しい行を耐え抜いた行者さんというのは、いかにも屈強そうな人かと思っていたところが、小柄で、おとなしそうで、好々爺のような方ではありませんか。意外でした。

まさか、その方とご縁ができ、親しく接していただける日が来るとは思ってもいませんでしたが、その番組を観てから二十五年の後、比叡山の飯室谷にある先生の自坊・不動堂長寿院でお目にかかる機会を得たのです。

飯室谷は、比叡山のなかでももっとも山深い、人里離れたところにあります。観光客が気軽に訪ねられるようなところではありませんが、護摩焚きが行われる日には狭い山道を車が行き交い、大勢の人が集まります。

酒井先生は、にこやかに迎えてくださり、手ずからお茶を淹れてくださいました。

それから、ときどき飯室谷不動堂を訪ね、酒井先生とお話をさせていただくようになったのです。

自然なまま、心のままでいいんだよ

何度も足しげくお邪魔しているうちに、得度をしている弟の飯栄《はんえい》さんからこう言われました。

「阿闍梨さんにテレビや雑誌からたくさん問い合わせがくる。書籍の取材や講演依頼などもあって交通整理が大変なんだ。君が阿闍梨さんのことをやってくれないかい？」

「私ごときがですか！　いやいや、仏教のことを何にも知らないですもの」

「だって、もう決めたんだよ。阿闍梨さんも承諾しているもの」

私はいつもお茶を淹れてくれる部屋へ行き、酒井先生に尋ねました。

「先生、飯栄さんからお聞きしたのですが、私が先生のマネージャー役をやるのでいいのですか？」

「いいんだよ、よかったらわしの仕事を手伝ってよ」

事務方のことを担当する人がいますが、お寺の仕事のことはよくわかっていても、メディアにどう対応したらいいのか勝手がわからず戸惑うことが多かったようです。仕事柄、私はたまたま文化人の方と接することも多く、人と人の間に入って段取りを調整したりすることにも慣れていました。

「わたしでよかったら、お手伝いをさせていただきます」

と言うと、先生は、

「そうか、君やってくれるか。それは助かるな」

とおっしゃいました。

こうして、秘書役のような、マネージャーのようなことをやらせてもらうようになったのです。

といっても、つねにお側近くにいたわけではありません。普段、私は東京にいて、酒井先生への取材や出版・講演依頼といった問い合わせの窓口を務めていました。それでも、お山（自坊）を訪ねる頻度も増えますし、先生と一緒にどこかに出かけるようにもなり、先生をどんどん身近に感じるようになりました。

周りでお世話をしている事務方の人たちも、飯室に来られる信者さんたちも、ご親族さえも、酒井先生のことを「阿闍梨さん」と呼んでいました。しかし私は、「酒井先生」とお呼びしていました。先生と私は、なんとなくそういう距離感だったのです。

あるとき、何かの折にほかの人たちのように、私も先生を「阿闍梨さん」とお呼びしてみたことがありました。

ところが、先生は知らん顔しています。聞こえなかったのかと思い、

「酒井先生、いかがですか」

と言ってみました。すると先生は、

「おお、わしか……誰のことかと思った。いつもの言い方でいいよ」

と返事がありました。聞こえていなかったのではなかったのです。私が「阿闍梨さん」とお呼びすることは、先生にとってあまり心地よくないのかもしれない、そんなふうに感じました。

また別のときには、

「先生なんて呼ばれつづけるのはこそばゆいからなあ、二人でいるときは『酒井さん』でいいよ」

とも言われました。

「あの自分に厳しい酒井先生が、なぜあなたを近くに置かれているのか、わからないねえ」と、ある僧侶の方から言われたこともあります。私は僧籍にあるわけではありませんから、いわゆる「師匠と弟子」の関係ではありません。かといって、いろいろ悩みごとを相談して力づけてもらう「阿闍梨さんと信者さん」という関係ともちょっと違いました。

あるときは先生と秘書であり、あるときは人生の先輩と後輩であり、またあるときはおこがましいのですが第二の父親のようでもありました。なぜそんなふうにお付き合いをさせていただけていたのかは、自分でもよくわかりません。

ただ、もし私があのときに「先生、お手伝いをさせていただきます」と言っていなかったら、このように親しくさせていただけてはいなかったと思います。いつも先生が言っていた、「まず一歩踏み出すことだよ」という言葉を思い出すのです。

縁を結べるかどうかは、
自分が動くか動かないかなんだ。
すっと動くと縁がつながる。
動かなければ、
縁が通り過ぎていく。

特攻の生き残り

十代の頃に特攻を志願し、戦争が終わって生きて戻ってきたことは、酒井先生の人生に深い影を落としていました。

「わしなんかは落ちこぼれだったから、生き残ったんだ」

この言葉を、何度となく繰り返し聞きました。

「特攻に志願するんだけど、それもなりゆきだなあ。戦争に行くんだったら学校を卒業したと認めてくれるというから、『それなら』って単純に思っちゃったの。特攻隊へ行く前に、電線工事をしていた顔見知りのおじさんに、『お前、絶対死んじゃダメだぞ。生きて帰ってこなきゃダメだ。生きていれば何とかなるんだから』と強く言われたことがあって、その言葉がやけに頭に残っていたなあ。だけど、あの時代の世の中は、生きて帰ってくるなんてことを考えちゃいけない空気だったからね。

熊本の人吉から宮崎、そして鹿児島の鹿屋《かのや》と移されたけど、わしは特攻隊でも落ちこぼれだった。優秀な人は、飛行機の操縦を覚えるのも早い、だからどんどん出撃を命じられるの。わしなんか選ばれない。それで、飛行場に敵が落としていった爆弾の穴埋めなんかをしていたんだよ。

一緒に飛行場の穴を埋めていた仲間でも、すばしこいやつのほうが先に死んじゃった。敵の機銃掃射があって逃げるとき、わしは田んぼの畦の溝にはまっちゃった。ところが、そのわしが助かって、足が速くて最初に逃げていった友だちが撃たれて即死だ。無常を感じたな。いつ死んでもおかしくなかったのに、そんなこんなで戦争が終わるまで不思議と生かされちゃった。

仲間たちがお国のために次々と飛んでいく。それは寂しい思いをしたな。ある日、あれは兄弟だろうな、隊員が二人で丘に登って何か話をしていたんだ。今夜飛んでいくんだ、なんて話していたのかなあ、そんなお別れの姿を遠目に見たときは胸が切なかったね。

特攻から生きて戻るというのはね、当時は肩身が狭いものだったんだよ。家族にしてみれば『よく生きて帰ってきてくれた』とうれしいけれども、周りには家族が戦地で死んじゃった人がたくさんいるわけじゃない。どこでどうなったかもわからない人だっていっぱいいる。とても『うちは生きて帰ってきました』なんて言えないんだよ。とくに特攻はね。特攻の生き残りってのは、世間の鼻つまみ者だった。

わしもあの頃は、自分はなんでのうのうと生き残ったんだろうって、いたたまれない気持ちになったもんだよ。

いま考えると、生き残されたということは、仏様から『まだこの世で人のために何かしていないだろう、もっと何かやりなさい』と言われていたのかもしれない。だけど、そのときはそんなことは全然わからなかったからね。『死んだ仲間の分もしっかり生きなきゃ』みたいな気持ちを持てても、ただぼうっとしていただけだったよ」

終戦になったとき、酒井先生は十九歳でした。生かされて帰ってきて、戦後の焼け野原の東京で自分は何をしたらいいのか。

先生が出家得度したのは三十九歳になってのことです。その間の約二十年、さまざまな葛藤や運命的な出来事があったと思います。

生き延びているのには、
「生き残されている」理由がある。
仏様に、「まだその世界でやる
ことがあるだろう」と
言われているのかもしれないな。

仕事放棄と東京回峰

「わしは勉強ができなくて」

これもまた先生がよく言われていたことです。子どもの頃の先生は、たしかに勉強好きとは言えなかったようですが、それは何のために勉強するのか、勉強の必要性や面白さに気づけていなかったからのようです。

実際は、先生はとても頭の回転が速く、機転のきく方でした。頭がよくないのではなく、勉強に気持ちが向かわなかったのです。それは、勉強をすべき年代のときにちょうど戦争中だったということが大きかったように思います。

そして、十人きょうだいという大家族の長男であったこと。上にお姉さんが一人いて、次が長男の先生（忠雄）、その下に八人の妹や弟たちがいるという大家族でした。当時はどこの家も大変だったでしょうが、先生はとても勉強するというような余裕がなかったと思います。

先生は、比叡山に上ってから勉強に目覚めます。聴講生の身分から叡山学院に入り、優秀な成績を収め、仏教に関してはもちろん、さまざまな分野の深い知識を持っていて、それでいてひけらかすようなところはない。そんな方でした。

若いときに大学で勉強しそこなった話をしてくださったことがあります。

戦後、働き口を探していたときのこと。お父さんのところに、「大学の図書館で働かないか」という話が舞い込んできました。お父さんはちょうど別の仕事に就いたばかりだったので、忠雄青年（酒井先生）が代わりに断りに行くことになったというのです。

「法政大学の図書係の仕事でね。わしは、親父は働けないと断りに行ったんだ。そしたら、『あんたが代わりに働かないか』って言うんだよ。『しめた！』と思って勤めはじめたわけだ。

学生さんや先生なんかが図書館に本を借りにきたら、どこにあるかを探してきて渡すんだけど、わしは本を見つけるのが結構早くて、重宝がられていたんだよ。

ある日、よく図書館に通ってくる教授が、『君は何学部の学生？』と聞くから、『学生ではなくて、図書係としてここで働いている者です』と答えたんだ。そうしたら、

『もったいないね、君みたいにテキパキと本を早く見つける人もいない。大学で勉強したらいいのに』と言ってくれた。

教授が薦めてくれるくらいだから、うまくすれば大学に入れるかもしれないと思った。勉強したいという気持ちが湧いてきたんだよ。

それで、夜間で通っていた慶応義塾商業学校へ成績証明書を取りに行ったんだね。受け取った成績証明書は封がしてあったけど、どんなことが書かれているか気になるじゃない。

当時はストーブの上にヤカンが置いてあって、そこからシュンシュン湯気が出ていたから、封筒の糊しろのところにその湯気をあてて、うまいことそーっと封をあけて、中を見た。そしたら、ひどい成績なんだよ。とてもじゃないけど大学へ入れるような成績ではないんだよ。

これは推薦してくれるっていったって、とても教授には見せられない、と思ったね。顔を合わせにくいじゃないの。だから、大学の図書館の仕事にも行きづらくなって、もう職場放棄だよ」

先生の話は軽妙で、どこか落語を聴いているような味わいがありました。図書館の仕事に行かなくなって何をしたのか。これもまた、のちの人生を考えるとなかなか興味深い話です。

「でも、家では大学の仕事に行っていると思っているでしょ。だから、朝、とりあえず家を出るんだ。行くあてなんてないんだよ。当時、三鷹に住んでいてね。最初は電車賃もあったから、新宿とか有楽町に出てフラフラと時間をつぶして帰ってきていたけど、そのうちに電車賃もなくなってね。

時間だけはあるから、東京の街をあちこちひたすら歩いたの。子どものときから、歩くのは苦じゃなかったからね。朝家を出て、夕方帰宅するまでずっと歩いていた。同じ場所を通っても、毎日、目に映る街の景色は同じじゃないわけよ。いろんなことに気づくんだね。『あれっ、この地名の由来はどこからきているのかなあ』とか、『おや、あの蕎麦屋、今日は暖簾《のれん》が出ていない』とか、自然の木や花だって毎日違うし、目に映るものが毎日いろいろなことを教えてくれる。

いまにして思えば、仏さんがわしに千日回峰の予行練習みたいなことをさせてくれていたってことかもしれないなあ。東京回峰だ。

千日回峰行の中に、『京都大廻り』といって京都の街中を歩くんだ。比叡山の規定コースを回ってから雲母《きらら》坂を下ってな、人が行き交っている京都市中を八十四キロ歩くの。そのときに、『あれっ、昔にもこういうことがあったなあ』と思い出したんだよ。

言ってみれば、若いときにわしは『東京回峰』をやっていたんだね」

知識だけじゃない経験の大切さ

酒井先生は、東京回峰をしているときに、自分の足で歩きながら、「ものの見方」を勉強していたのではないでしょうか。

知識も大事、だけど経験（行動）することも大事、先生は「両輪のごとく」とよく言っていました。

「いまの人たちは、わしの若いときのことを考えたら、みんなよく勉強してるよな。いろんな知識で頭がどんどん大きくなっているよ。だけど、大切なのは知識をそのままにしないで、実践することだね。知識だけで頭でっかちになるのはよくないよ。

わしに勉強の面白さを気づかせてくれたのは、お寺の師匠の小寺文穎師だった。あるとき、その小寺先生が、書道の勉強会に連れていってくれたんだよ。二、三十人のお坊さんが集まっていたかな、その席で一人のお坊さんが小寺先生の書について批判をしはじめたんだ。

わしは最初のうちは黙って聞いていたけど、その人が自分には知識がある、自分はどれだけ正しいかみたいなことをあまり言うもんだから、聞いててだんだん腹が立ってきてな、

『じゃあ、あんたが書いてみなさいよ』

と言ってやったんだよ。自分は書いてもいないのに、人の批判ばかりするなんておかしいじゃないかって思ってね。

そしたら、その人は怒りだしちゃった。

知識として知っていることがあっても、自分で経験してみるとまた違うってことがいろいろわかる。それこそが大事なんじゃないのかなぁ。

だから、知識を得るだけでなくて、行動して実践してみることだよ。そうすることで、知識と自分自身の知恵が重なるんじゃないかなぁ」


この話を聞いていて、思い出したことがあります。

先生のところに取材に来た記者が、常行三昧について自分が持っている知識と先生の言葉が食い違うことが面白くなかったのか、いちいち突っかかることばかり言ったのです。

普段は温和に話している先生がこう言われたのです。

「そんなに言うなら、オタクが実際にやってみたらどうなの」

先生は、知識を持つことは大事だけれど、そのことだけにとらわれていてはいけない、自分の知恵にするためには実践が不可欠だと言いたかったのです。

いまの時代、私たちはどんどん知識過多になり、頭でっかちになって、経験することをおろそかにするようになってきています。ネットを見れば、簡単にいろいろなことがわかる。自分で調べるという経験すらしなくなっています。

こういう風潮に対して、先生は危惧されていました。

「科学技術が発展して、ますます世の中は便利になるけど、便利も不便利になることがあるからねえ。

ものの考え方だって自分本位になるし、知識だけ詰め込んで大きくなった頭では、本当の知恵は身につかない。

やってみないと、他人の本当の気持ちはわからないでしょう。人を責めたり傷つけたりする人が増えているのは、自分自身がその経験をしてないからだよ。

誰かに責任を押しつけようとしたり、人を傷つけても平気でいたり。自分がもし逆の立場でそれをやられたらどうなのかと考えたら、すぐにわかるのにね。自分が経験していたら、周りの人との向き合い方も変わるんだけどなあ」

知識ばっかりで行動しないのは、
賢いんだけどバカ。
「賢バカ」だよ。
知識は経験を通じて
自分の知恵になるんだからね。

三か月足らずの結婚生活

若い頃の酒井先生は、生きていくためにいろいろな仕事をやったといいます。

お父さんの仕事を手伝って、ラーメン屋をやっていたこともありました。繁盛していたのですが、戦後のバラックの一角にあった店を火事で失ってしまいます。

株の取次業もやりました。羽振りがいいときもあったのですが、暴落によってすっからかんになってしまいました。

お菓子の卸販売業をやるも、人の信用をなくしてしまうようなことをしたこともあったそうです。

その頃の自分を、先生は「ちゃらんぽらんで、どうしようもない人間だった」と言っていました。

「浮き草みたいに地に足が着いていなくて、何をやってもうまくいかない。母親は『長男なんだからもっとしっかりしてくれなきゃ』と思っていたんだろうね。『結婚して所帯を持ったら少しは変わるんじゃないか』と考えて、母親のきょうだいの娘、つまり従妹との縁談を勧めて、結婚するんだよ」

この結婚生活について、先生はあまり話そうとされませんでした。それは三か月足らずのごく短い期間で不幸な結末になってしまったからです。取材でいろいろ聞かれても、いつも「忘れちゃったなあ」とはぐらかしていました。

妹の慶子さんは、その結婚についてこんなふうに語っています。

「親が勧めて従妹と結婚したというので、あまり仲よくなかったように思われるかもしれませんが、二人はすごく仲がよかったんですよ。結婚したとき、実家の近くに住むことになって、中学生だった私はその家で一緒に暮らしていましたから、よく覚えています。

戦争から大変な思いをして帰ってきてから、阿闍梨さんはあまりひとさまと口もきかなくなったり、怖いような時期もあったんです。でもお義姉さんと一緒になってからはいつもニコニコしていて、身内としては本当によかったなあと思って見ていました。

お義姉さんが『かりんとう、食べたい』って言ったことがあるんです。そうしたら、阿闍梨さんびっくりするような大きな缶で買ってきて『こんなにたくさん？』って笑っちゃいました。お義姉さんを喜ばせたかったんでしょうね。短い期間でしたけど、そのときは幸せだったと思います」

しかし、先生の奥さんは結婚して二か月ぐらいのちに、大阪の実家に帰ってしまいます。何があったのか真相はわかりません。

「わしがいいかげんなことばかりしているから、困っちゃったんじゃないの。わしは嫁さんを大阪に迎えに行ったんだよ。

嫁さんの実家は、大阪で鉄工所をやっていた。はじめは東京に連れて帰るつもりで行ったんだけど、人手が足りない鉄工所を手伝ったりしているうちに、わしも大阪の家に居ついちゃったわけだ。

しばらくは一生懸命に働いていたんだけれど、そのうち友だちができて、誘いにくると仕事そっちのけで遊びに行っちゃうのよ。わしがそんなんだから、嫁さんはわしのことで親から小言を言われていたんだと思うよ。親の言うことと、わしとの間で板挟みになって参っちゃったんだね。

近くの土手で、嫁さんがぼんやり川面を見ていたと近所の人に言われて、捜しに行ったりもしたな。

ある日、鉄工所の二階で、部屋にガス管を引き込んで自殺したんだよ。わしは嫁さんを死なせちゃったんだ」

先生が奥さんについて話すのは、いつもこれだけでした。

自分のせいだ、自分がいいかげんで頼りにならなかったからだ、苦悩に気づいてやれなかったからだと、先生は自分を責め続けたことだろうと思います。

晩年、先生は「嫁さんが死んだ日が何日なのかも覚えていない」「死んで何年経ったかも忘れている」と言うことがありましたが、けっしてそんなことはないと私は思っていました。人には言わないだけで、心の中に奥さんのことがずっと深く刻まれていたと思うのです。

慶子さんが、それを肯定するように言ってくれたことがあります。

「私がお山に行く前に、阿闍梨さんに『何か食べたいものはありますか』と聞くと、『中村屋のかりんとう』って答えたんですよ。京都にもおいしいのがあるんでしょうけど、東京で買って、持っていきました。私にとってもですけど、阿闍梨さんにとっても、お義姉さんの数少ない思い出なのかもしれないなと思ったことがあります」

先生は情の深い方でした。

比叡山とのご縁

奥さんのお母さん、つまり先生からするとおばさんから「せめて四十九日までいてほしい」と言われて、そのまま大阪にいた先生は、ある日おばさんに、比叡山に連れていかれます。

おばさんは、比叡山の弁天堂の信者さんでした。これが先生にとって比叡山とのご縁のきっかけとなりました。

「弁天さんに行ったきっかけが、わしが比叡山に最初に上がった思い出なんだよ。ケーブルカーで行ったんだけど、それまでわしの知っていたお寺とはずいぶん雰囲気が違うんでびっくりしてね。お寺だというのに鳥居もあるしな。

山の中だから空気も澄んでいて、すごく気持ちがよくてさ。いいところだなあと思って、それから暇を見つけちゃ比叡山に上がるようになった。

弁天堂でお坊さんを紹介されたんだよ。のちに、わしが大変お世話になる小林隆彰師だよ。

口うるさいおばさんだったけど、あのおばさんの行動がわしを仏道に向かわせてくれたと考えると、感謝だわなあ」

結局、先生はそのまま大阪に居つくようになります。そのことが、いろいろなかたちで仏縁につながっていくのです。

こんな話を聞かせてくれたこともあります。

「坊さんになる前、奈良の吉野へ行ったことがあった。そのときに顔見知りのばあさんがわしの顔を見て、突然『あんたはここに来る人じゃない、須弥壇《しゅみだん》を駆け上がっているる』と言うんだよ。須弥壇っていうのは、ご本尊を安置するために一段高くなったところのこと。仏道の高い地位に行くというお告げなんだけど、そんなことは思いもよらないわけだから、こっちは『何言ってんの』という感じだったけどね」

そのおばあさんは酒井先生の先々がすでに見えていたのではないかと思われるのです。先生は、「こんな話をすると人は疑ってかかるしな。オカルト的な話は避けているのよ」と言っていました。

仏縁のきっかけとなった一体の仏像

先生のその後を運命づけるような話があります。

おばさんに弁天堂に連れていかれてから、酒井先生はたびたびお山に上がります。鉄工所が休みの日など、一人でも比叡山に足を運ぶようになっていました。

ある日のこと、おばの家にあった仏像を見つけます。

酒井先生は五歳まで住んでいた大阪の玉造で母方のおばさんの家を訪ねたときに、古ぼけた小さな仏像を見つけたのです。

それを見て、子どもの頃の記憶がよみがえりました。記憶の中では、その仏像には無数の黒蟻がたかっていて。翅の生えた蟻もいて、うなされ怖くなってその仏像があった部屋では寝られなくなったのです。

「この仏様、誰のもの？」

と聞くと、おばさんは言いました。

「ああ、それは昔、あんたのお父さんが置いていったものだよ。こっちも処分するにできなくて困っていたものや。欲しいならあげる、持っていってええよ」

仏像は薄汚れていましたが、父親の置き忘れた物だし、壊れている箇所があるから直してやろうと思い、先生は持ち帰ったといいます。

仏像を修理してもらうため、偉い坊さんがいるというので、比叡山に上がります。飯室谷不動堂長寿院住職、箱崎文応師のところでした。

この飯室谷不動堂が、のちに酒井先生の自坊となり、終の住処となるのです。

箱崎師は、仏像を持ち込んだ酒井先生に尋ねました。

「お前、なんでそんなものを持っているんだ」

先生はいきさつを話し、こう頼みました。

「御霊《みたま》を抜いてもらえませんか」

箱崎師は事情を理解し、自身の身を清めてから、本堂で御霊を抜いてくれました。

とにかく仏像を直したいという思いが先立ち、自然と足が向かっていた、と先生は話します。

「戦争中に特攻で亡くなった仲間たちの供養のためにな、静かに手を合わせたいと思ったんだ。お国のためとはいえ、若くして無残にも散っていった仲間に、生き残された者としてできることは線香の一本でもあげて供養することだからね」

酒井先生は仏具屋で修繕してもらった仏像を持って、また比叡山に箱崎師を訪ねました。

「今度はなんだ」

「仏像を直したので、御霊を入れていただけますか」

このとき箱崎師が言いました。

「お前、こんなものを持っていると、この裏山を歩くようになるぞ！」

先生は何のことやらさっぱりわかりません。怒られている理由が理解できなかったといいます。

この仏像は、役行者《えんのぎょうじゃ》の仏像だったのです。役小角《えんのおづぬ》とも呼び、奈良時代の山岳呪術者で、修験道の開祖とされています。いわば行の先達だったのです。

「これが箱崎和尚との仏縁の始まりだな」

酒井先生は懐かしそうに言います。

はじめて見た「行者さん」への憧れ

「昭和三十五年の秋頃だね、ちょうど東京から弟が遊びに来ていて、一緒に比叡山に行って、弁天堂に泊まったの。

翌日、無動寺に来たらたくさんの人だかりができていて、なんだろうと思って周りの人に聞いてみたら『偉いお坊さんが九日間の長い断食行を終えてお堂から出てくる日だ』という。

それが千日回峰行の『堂入り』が満行する日だったわけ。

お経を唱えている人、拝んでいる人もいる。異様な雰囲気でね、わしも息を凝らして見ていたんだ。

たまたまお坊さんが出堂する光景を見たんだけど、感激したね。心を揺さぶられて、これはなんだろうと興奮した。それで行者に憧れるようになった。

このとき堂入りしていた行者が、後になって、わしが回峰行をするときにお世話になる宮本一乗さんだったんだよ」

酒井先生の話を聞いていると、「仏縁」を感じずにいられません。それもどんどん深く、仏様に導かれるように仏道を歩んでいるようにみえるのです。

大阪の家を脱走して弁天堂に駆け込む

「お山にはときどき登っていたけど、相変わらずふらふらしてたからね、おばさんは、不甲斐ないわしをなんとかしたいと思う気持ちだったんだろうな、相変わらず口うるさく懇々と小言を言う。ある晩、逃げるように家を飛び出したんだよ。脱走だな。

思いついたのは比叡山だ。夕方家を出て、一昼夜てくてく歩いて比叡山に向かうんだよ。やっとのことで山の麓に着いたのは翌日の夕方。だけど、比叡山に登るのにどこから上がったらいいのかわからない。床屋の親父さんに聞いたら、

『あんた登ると言ったって、もうこんな時間だ、この先に登り口はあるけど、もうすぐ真っ暗になるよ』

それでもこっちは行くところがないから登るしかないわけよ。またてくてく歩きだして弁天堂に向かうんだよ。

あたりは真っ暗でな。弁天堂に夜着いて、

『ごめんください』

と言うと、奥から小林先生が出てきた。

『おぅ……お前か……。大阪のおばさんから電話があったぞ。とにかく今晩は泊まっていきなさい』

お寺に一晩やっかいになることになったんだよ。

朝になって、

『お前がここに来たのは何かわけがあるんだろう。でも理由を聞く前に、まずは下の滝で身体を清めてきなさい。そんな穢《けが》れた身体ではお堂の中に入れることができない』

と言われてさ。

ずっと歩いて比叡山まで登ったんだから、疲れて、筋肉も硬直して動きが悪くなったりしそうなものなんだけど、それがそうでもなくてね。気分が爽快だし、なんだか気持ちが落ち着く。それで、しばらくお寺に居させてほしいと頼んだんだよ。それが始まりっていえば始まりだね」

般若心経をごまかして書いた

「小林先生から『礼拝行をしなさい』と言われて、朝、昼、晩とお坊さんのお勤めをすることになった。一座が百八遍、とうとう一週間で二十一座やらせてもらったんだよ。それを見て小林先生は、見どころがあると思ったらしいね。そう言っていたと、兄弟子がわしに教えてくれたんだよ。

そうして、一か月の間だけ弟子みたいに居たわけよ。礼拝行をして、小僧さんの真似事をしていれば三食昼寝付きの身分だ。これも悪くないかもしれないな、と軽く考えていたんだよ。

でも、だんだん飽きてきてな。そろそろ大阪に帰ろうかと思ったときに、小林先生から、『弁天様にお世話になったお礼に、般若心経を二十一枚書いていきなさい』と言われたの。

般若心経なんて知らないし、書いたこともない、墨を磨《す》ったこともない。でも小林先生は書かないと帰さない、と言う。

仕方ないから教則本を見ながら一字一字書くんだけれど、これが時間がかかる。一枚を書くのに二時間半ぐらいかかったよ。これを二十一枚も書いていたら、なかなか帰れないじゃない。写しちゃえばいいやと思って、書き終えた紙の上に新しい半紙を置いて、なぞって書いたの。

そしたら小林先生が一箇所を指さして、

『お前、器用なやっちゃなあ、ここが一文字抜け落ちている。それも二十一枚、全部同じところが抜けているじゃないか。これは、どういうことだ』

『……すみません、一枚だけ書いて、あとは上からなぞりました』

と白状した。すると、『この馬鹿もの！』と怒鳴られた。

『仏様に嘘をつくとはとんでもない。全部書き直しをしなさい』

仏さんには嘘はつけないと思ったね。今度は観念して、一枚一枚全部ちゃんと書いたよ」

師からのお題「東西南北の話」

「帰るときに、小林先生から宿題を出された。この問題が解けるまで山に来るな、と言われてね。それが東西南北の話なんだよ。

紙の真ん中に『日』と書いてある。その字を囲むように『東』『西』『南』『北』が書かれていて、ヒントは聖徳太子の言葉だそうだ。

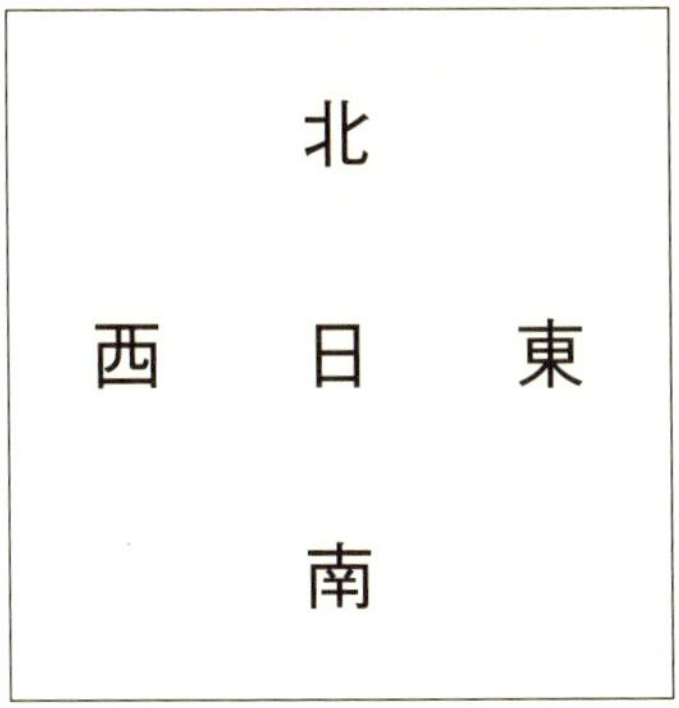

大阪に帰って考えてみるんだけど、答えが全然わからない。

小林先生も気にしていてくれたのかなあ、あるとき連絡があった。

『自分はもうすぐここのお寺を出るが、酒井が比叡山にまた来る気があるなら、次の輪番の住職に酒井のことを言っておく』

と言ってくれてね。それでまた、山に登るんだよ。

東西南北の答えを持ってたびたび小林先生に会いにいったわけよ。

でも、会っても回答をくれない。すぅーっといなくなる。

小林先生は、あいつに正解を教えたら、またいいかげんな奴に逆戻りしてしまうかもしれんと思ったのかな。

(東)から太陽の昇る国へ、お前はナ(南)ニシ(西)にキタ(北)……なにしにきた、と。

日出《いづ》る国へ、お前は何しにきたのか。

違うんかなあ」

何のためにここに来た。
何をするべきか。
自分の心にそう問い続けることが、
何よりも大事なんだ。

二人目の師匠・小寺文頴師のもとで小僧修行

酒井先生は何年も無動寺谷の弁天堂に通って小林隆彰師に教えを請い、比叡山に置いてもらえないか、つまりは出家してお坊さんにさせてもらえないかという意志を伝えていました。

昭和三十九年三月、弁天堂の輪番は小林師から小寺文頴師へと交代しました。小寺師は小林師から、「酒井の面倒をみてやってほしい」と頼まれていました。

酒井先生は小寺師のもとで一日三度のお勤めをし、師の厳しい修法に加わってお経を唱えました。出家してやっていける人間なのか、小寺師は厳しい目で見ていました。

どうやらなかなか見込みがありそうだということで、小林師が戒師となって得度、小寺師の自坊、霊山院の小僧になったわけです。

そのときのことを、こう語ってくれました。

「ある日、小寺先生がわしに言った。

『もう何年もあなたを見てきたわけだけど、そろそろこの辺で、物事を大局的に考えて自分の将来を見つめたほうがいい。まだ出家したいとお考えか？』

『お願いします』

わしはそう答えたんだ。すると、小寺先生はこう言ったんだ。

『よし、信仰の道を望むなら、出家して勉強しなさい。これは、小林師とも相談していたことだ』

小林先生も、見守ってくださっていたんだね。胸がいっぱいになったよ。

小寺先生の自坊である霊山院で、坊さんとして得度をさせてもらい、小僧生活に入ったわけだ。小寺先生はわしより七歳年下。わしは三十九歳で、小寺先生の子どもたちの面倒をみたり、買い物したりするんだけど、いい歳をしたおっさんが、子どもをおぶったりして小僧仕事をしているから、からかわれたりしてな。

毎日時間に追われるように生活していた」

慶子さんにはその頃の忘れられない思い出があります。

「阿闍梨さんは、なにも家族に相談しないんです。いつも自分で決めて、あとからポツリと知らせてくるんです。出家するという話もそうでした。比叡山に上がったことは知っていたんですが、どんなことをしているかは家族の誰も知りませんでした。

ちょうどその頃、私は結婚しまして、新婚旅行で南紀のほうに行くことにしたんです。母から『だったら帰りに比叡山に寄ってきなさい』と言われたので、家族ではじめて私が会いに行くことになりました。

阿闍梨さんは京都駅まで迎えに来てくれて、当時お世話になっていた小寺先生の自坊に連れていってもらい、その晩は泊めてもらいました。

翌朝起きたら、阿闍梨さんが子どもをおんぶしながら廊下の雑巾《ぞうきん》がけをしていて、びっくりしました。とにかく忙しそうに働いているなあと思いましたね。それでも、帰るときは比叡山のケーブルカー駅のバス停まで送ってもらいました」

慶子さんは帰ってから家族に話しました。それから、何回か比叡山に上がり、小寺師のところを訪ねます。

「いつも会えるわけではありませんでした。行に入っているときは、遠くから姿を見るだけで帰ったこともありました」

学問の面白さに目覚める

小僧として毎日、雑用仕事をこなしながら、やがて酒井先生は勉強に励むようになります。小寺先生の影響が大きかったといいます。

「最初のうちは、毎日の生活を切り盛りするのでいっぱいで、仏教の勉強はしていなかったんだ。

ある晩ふと目を覚ますと、小寺先生の部屋の明かりがついている。どうしたのかなと部屋の明かりに顔を近づけると、先生が勉強をしている。

これは大変だ、自分の先生が勉強をしているのに小僧のわしがグウグウ寝ているわけにいかないと思ったね。深夜にお茶を淹れて持っていったら、先生が喜んでくれてね。

それから毎晩、仏教のことを詳しく教えてくれた。その頃先生の薦めもあって、聴講生として叡山学院へは行っていたんだけど、その予習・復習を毎晩小寺先生とやっているみたいで、知識が豊富になって勉強がどんどん楽しくなった。

このとき、勉強のコツみたいなものを知ったんだよ」


小寺師のもとで小僧修行をしながら、酒井先生は勉学に勤しみました。本科三年を卒業するときには叡山学院長賞を受け、さらに勉強するために研究科へと進みます。

研究科でも優秀な成績をおさめ、卒業論文では天台座主賞を受賞するほどでした。


「小寺先生はわしより七歳年下のお坊さんだけど、仏教学の恩師だね。叡山で仏教学を修め、若くしてビルマ国際仏教宣教大学に留学し、龍谷大学大学院博士課程を修了した天台学者なんだよ。

わしはお師匠さんに恵まれたなあ。

最初に出会った小林先生のおかげで、坊さんの道に入ろうという気になった。人生を導いていただいて、折に触れ、いろいろ支えていただいたんだよ。

その次が小寺先生だよ。

叡山学院では、山田恵諦《えたい》猊下にも勉強を教えていただいた。

そして行を教えてくれたのが箱崎のお爺だ。

こうして考えてみると、素晴らしい恩師がそれぞれいて、ぜいたくな話だなあ。本当にありがたいことだといまも感謝しているよ」


酒井先生は、一歩一歩千日回峰行へと近づいているのです。

宮本一乗さんの出堂を見た衝撃が、強い仏縁に結びつき、先生の意志となり、小寺先生のもとで寸暇を惜しんで教学に励み、そこに「本線」を引いてひたすらに進んでいく。

見えない力がどんどん働きだし、このときすでに役行者の魂が先生をどんどん山に誘《いざな》っている気がしました。

仏様に導かれるように一本の線の上を歩いていっているように思えるのです。

いつしか、先生は自分の「本線」をまっすぐに見つめていけるようになっていたのです。

人生をどう生きるか

先生によると、自分の「本線」というのは、ぼんやりしていて見つかるものではなく、「これだ」と自分で決めることが大事だといいます。

その覚悟ができるかどうか。

こんな話もあります。

「ある人が、息子のことで相談したい、と言ってきたんだよ。

その息子さんは、有名大学に進んで、親としては『きっといい仕事に就ける』と喜んでいた。ところが、大学を卒業したその息子さんは、突然、『パン屋をやる』と言い出したらしいんだ。

聞いてみると、美術の勉強をするためにパリに留学していたときに、何か刺激を受けたらしく、向こうで知り合った人と一緒に日本でパン屋をやることにしたのだという。

『私は、息子をパン屋にするために大学まで出したのと違います。本当にあの子、何を考えているのか……。阿闍梨さん、息子に意見してやってくれませんか』

その人はわしにそう頼んできたんだ。

親からすれば突然何を言い出したかとびっくりだったかもしれないけれど、本人が『これだ』と思えることを見つけられたんだから、いいことじゃないかとわしは思った。わしの若いときなんて、フラフラしてばかりで、『これがやりたい』『これに人生を賭けたい』なんて、何も思いつかなかったからね。それに比べたら、『これだ』と思えることと出会えたのは、いいことだよ。だから、『いいじゃない、パン屋。本人の好きなようにやらせてみたらいいじゃない。その代わり、〈ここからはもう援助はしない、後は自分でしっかり歩きなさい〉とはっきり言ってやったらいいよ。一生懸命にやるんじゃないの、自分で決めたんだから』と言ったんだ」

それから一、二年して、またその人がやってきました。

「阿闍梨さん、息子が始めたパン屋が繁盛しているんです。口コミでだんだんお客さんが増えてきて」

「よかったじゃない」

「パリで勉強した甲斐あって、普通のパン屋と違う個性的なパンが評判になっているようです。好きにやらせてやってよかった」

と言う。


「親はあれ以来仕送りをしていないとは言っていたから、本人なりに頑張ったんだと思うし、夢を夢で終わらせないで、挑むことがいいと思うな。

物事を大局で見るといいよね。『有名大学を出たんだから、こうじゃなきゃいけない』なんてことにこだわらないで、どんなことがあっても貫きたいと思うことは何なのか、それを自分で考えるのが、『本線』を見極めるということなんだ。

まさに、『この世に何しに来たの？』ってわけだ。

仮に失敗したとしても、それはそれでいいんだよ。たとえ失敗をしても、その失敗を糧にして、次へと進むことができるからね。

人間は与えられた環境によって、よくもなれば、社会のルールから外れてしまうこともある。外れても、本線を見失わないで戻ってくればいいんだよ。

本線なんて単純なんだよ。わしも若いときそうだったけど、妄想のようなことばかり考えていると、時間だけが過ぎていって、いしつか自分が何者かもわからなくなる。最終的に自分は人生をどうしたいのか、何をめざすのか、しっかり考えることだよね」

「本線」というのは
自分の能力に合った道ということ。
「見つける」というよりは
「決める」んだよ、自分で。

第三章

自分の「本線」が定まると人は強くなれる

〜行も人生も無始無終

年齢制限を超えて、特例で修行を開始

酒井先生が比叡山の僧として本格的な修行を開始したのは、一九七一年四月のことでした。しかし、これはすんなりと認められたわけではありませんでした。

叡山学院で優秀な成績を収め、比叡山の僧侶として本格的な修行の道に進めるようになったのですが、このとき、先生は四十六歳になっていました。この年齢が、さらなる壁として立ちはだかったのです。

というのは、比叡山には「三十五歳以下の男子」という決まりがあったからです。

ここでもまた小林師の強力な働きかけがあり、なんと酒井先生を認めるために、特別に規則が変えられたのです。年齢制限の項に、「ただし執行が認める者はそのかぎりではない」という一文がつけ加えられ、先生は一山会議で認めていただくことができたのです。

「四十六歳だったわしには本当はその資格がなかったんだけれど、特例で認めてもらったんだね。わしのために規則を変えてくれた先生たちのためにも、一生懸命やるしかない。

まずは横川《よかわ》の行院で基本修行を積んだ。

それから、『三年籠山』。最澄さんが定めた教えの中に十二年籠山の山修山学制度があって、言ってみれば三年籠山はその原形。基本修行が終わって浄土院での修行に入ったんだ。

浄土院には最澄さんが眠る御廟があって、比叡山で一番静寂なところでな。御廟周りは塵《ちり》ひとつ落ちていてはいけない場所で、取っても取っても枯れた木の葉が落ちてきて、掃除が大変なんだよ。でもこれも自然と自分との闘い、仏様に試されていると思うと、感謝の気持ちで満たされたものだった。

大変は大変だけど、自分が望んだことだからさ、なにをしてもそこに楽しさが感じられるんだな」

「常行三昧」で歩き方を覚えた

酒井先生は三年籠山中に、あまりの厳しさから明治以降禁止されていたこともある「常

どんな大変なことのなかにも、
楽しいと思えることは
見つけられるんだ。

行三昧」という行に挑むことにしました。

九十日間法華堂に籠り、本尊の阿弥陀如来の周りを念仏を唱えながら歩く。昼夜を分かたず、一日二十時間以上歩くのです。縄の綱にもたれて二時間ほど仮眠する以外、座ることも横になることも許されません。この行の途中で命を落とした僧侶もいると聞きます。

酒井先生が常行三昧に挑むと言うと、小寺先生は反対したといいます。叡山が規則を変えるまでして僧の道を究めることを認めたのに、その命を粗末にするようなことをしてはいけない、と説いたそうです。

しかし、酒井先生は、一度決めたことは翻さないのです。師の反対を押し切り、西塔《さいとう》のにない堂で常行三昧に入ります。


「わしは歩くのは自信があったけど、日が進むにつれて足が前に出なくなってね。途中から息も苦しくなる。これはまずいと、小寺先生から聞いていた呼吸法を思い出したんだ。深く息を吸いこんで、吐くといった動きを繰り返していたら、前へ進めるようになって、助かったと思ってさ。また念仏を唱えながら歩いて、息を徐々に整えていったんだよ。

阿弥陀如来の周りを回っていると、どこから入ったか知らないけれど、虫が柱にくっついている。よく見ると、バッタみたいな虫で、それが立てる羽音が、数珠をこすっている音に聞こえてきた。

こっちも念仏唱えて回っているから、ずっと聞こえているわけじゃない。『あれっ、音がしないな』と思ったら、その虫がひっくり返っていたんだよ。そのとき、これは昔ここで常行三昧を満行できなくて死んだお坊さんが、虫に姿を変えて現れたのかなと思ったこともあったね。そのくらい死と隣り合わせの世界だっていうことなんだな。

歩くことは生きることなんだって実感したのは、常行三昧をやったおかげだなあ。行者は修行の中で、お不動様さんを見たり、仏を感得して一人前の行者になるという言い伝えがあるんだよ。わしは常行三昧で阿弥陀様と普賢菩薩さんを感得したんだ。無我夢中で仏さんと一体になったんだね」

常行三昧の教えの中に二河白道《にがびゃくどう》といって、すさまじい水と火の恐怖に襲われるという話があります。酒井先生は常行三昧中に同じような恐怖を感じました。対岸のほうから母親の声が聞こえ、一本の道を歩いて救いを求めたこともあったといいます。

この常行三昧で、歩くリズムをつかむことができたことで、酒井先生は千日回峰行に挑む自信ができたのです。

千日回峰行への挑戦

千日回峰行は天台の僧侶であれば誰にでも許されるという行ではありません。百日回峰などの修行をし、先達の行者で構成される会議で、戒律を最後まで守り通すことができるかどうか、荒行に耐える強靱な求道心があるかどうか、厳しい議論が交わされます。その審査を経て許可されるのです。

酒井先生の場合は、審査の席でつねに年齢の問題が取り沙汰されました。そもそも「三十五歳以下」という規定があったわけで、行をするのは若い僧侶がほとんどです。酒井先生は千日回峰行中に五十代になる年齢ですから、誰もがそのことを案じたのです。

歩くってのは、
自分をどこかに向かって
動かすということ、
だから必ず何かが変わっていく。
歩くことは生きることだよ。

「年齢が年齢だからね、一山でも賛否があったらしい。認めてもらえていなかったら、どうしていただろうね。若いときから落第の多い人生だったけど、『ああ、また落第か』と、がっくりしていたかもしれないね。

千日回峰行は、七年かけて満行するんだ。そこにすでに行っていた百日回峰も加えられる計算になる。わしは、一度目の千日回峰行に入ったのが四十八歳で満行は五十四歳のときだった。そりゃ、行には戒律があって厳しい。辛くないとは言えないわな。

冬の厳寒の時期にもな、草履に白足袋で雪に膝まで埋もれて、それでも歩くわけよ。仏様との約束だから、何があっても進むしかない。回峰行は『不退の行』といって、一日たりとも行を中断することは許されない。いざ決心して始めたら、天候がどうだとか関係ないんだよ。雨の日も、雪の日も、風の日も続ける。

だけど、苦しいばかりではないよ。そのなかにも楽しみや喜びは見つけられる。

朝起きて、水行のために滝に入るでしょ。水の冷たさは毎日違う。当たり前のことなんだけどね。その冷たさの違いが、『今日の自分』というものを感じさせてくれるんだよ。これが『今日の命』なのかってね。そうすると、『今日の冷たさはどんな冷たさだろう』って、そのことを面白がれるの。

毎日山を歩けるのは楽しいことだよ。花の咲き方、草の伸び方は毎日違う。お月さんの位置も毎日変わっていくし、風も毎日違うし、何もかも新鮮なんだ。

もともと『行のなかに楽しみを見つけよ』と教えてくれたのは、箱崎のお爺だよ」


一度目の千日回峰行を満行して半年足らずで、先生はすぐに二度目の千日回峰行に入ります。年齢を考えると無謀だという声もありました。

しかし、先生は迷うことがありませんでした。


「二度目の回峰に挑戦するなら、満行から半年以内に始めなければならないという決まりがあるんだよ。やるかやらないかなんて迷わなかったね。

行はわしの人生の最後の砦だからね。勉強もダメ、仕事もダメ、何をやってもダメだったわしが、ようやくたどりついたのがお山での行。捨て身になってやるしかないんだ。血の最後の一滴までも振り絞って全力投球することしか頭になかった」

伝教大師最澄の教えに、「最下鈍《さいげどん》の者も十二年を経れば必ず一験を得る」という言葉があります。酒井先生はその言葉にひたすら従い、修行を続けてきました。

先生は常行三昧の後、十二年の籠山に精進します。十二年間は何があっても比叡山の結界の外に出ることはできません。

実際、千日回峰行中に父親の死の知らせを受けますが、葬儀にも出ず、修行に明け暮れました。その心中はいかばかりだったかと思われますが、仏様との約束を守るため、ひたすら行を続けました。

出家得度をさせてもらい、ここまで育ててくださった師匠の先生方に報いたいという気持ちもあります。自ら望んだ千日回峰行をやらせてもらっている感謝の念もあります。決まりを破ると、仏様との約束を破ることになる、僧侶として自分は行を続けることこそが、亡くなった父親への弔いになるのだ、という思いだったのです。

行の師匠、箱崎文応師の教え

酒井先生が「うちのお爺」と呼んでいたのが、長寿院の先代住職・箱崎文応師です。箱崎師は三百五十年以上途絶えていた飯室回峰を復活させた行者で、荒行の数々を経てきた厳しい人でした。あまりの厳しさに、仕える僧がみんな逃げ出してしまい、誰も居つかない。酒井先生は、八十代になるその箱崎老師のお世話をする役目を担いながら、回峰の手ほどきを受け、飯室回峰ルートでの千日回峰をしていたのです。

「わしの場合、箱崎お爺の世話もしながらの回峰だったから、なにしろ時間の余裕がなかったなあ。

夜中の一時に回峰に出て、朝帰ってきたらお爺の食事の支度をし、薪で風呂を沸かし、洗濯して掃除してお勤めをして、大忙し。寝るといったら日々二時間ぐらいかそこいらへんだったよ。

お爺はわしが回峰をやっているのをわかっていながら、『客の酒のつまみを作れ』とか言うし、横になっているところをわざと踏んづけて起こしたりする。こっちも人間だから、腹も立つわな、『このクソ爺い、やりやがったな！』って思ったよ。

なんとか時間を工夫できないかと考えて、自分が食べるものは蒸かしたジャガイモとうどんと豆腐に決めちゃったの。ジャガイモは何かやりながらでも口に入れられるし、うどんはスーッとすすって飲み込めるし、豆腐もパクリと一口で食べられる。あとは、ゴマ油を茶碗になみなみと注いで、ごくごく飲んでいた。それがけっこうエネルギーになったんだよ。医学的に正しいことかどうかはわからないけどね。

ただ、お爺の食べるものはそういうわけにいかない。あるとき、前の晩にお爺の朝の食事をこしらえておいたことがあったのよ。行を終えて帰ってきたら、それが食器もろとも全部外に投げ出されていた。

『お前は俺に、昨日作った冷飯を食わせるのか！』

お爺はそう怒鳴ってね、また作り直しだよ。

理不尽だと思ったこともあったけど、そんな性根じゃ千日回峰なんてできないぞって教えてくれていたんだね、お爺なりのやり方で」

回峰行に入ったら、いかなる理由があろうと、退くことは許されません。装束のなかには、短刀もあります。万が一、行を続けられないようなときには、それで自害せよ、というのです。

千日回峰行は、まさに死を賭して行う覚悟がなければできない行です。

「一度、回峰中に玄関にうっかり数珠を忘れてしまったことがあってね。予備の数珠で山を礼拝して帰ってくると、お爺が玄関で仁王立ちしている。『お前どこで何してきたんだ』と鬼の形相でね。『行をしてきました』と言ったら、『じゃあ、これはなんだ』と、わしが忘れて出た数珠を手に持っている。『予備で持っている数珠でちゃんと拝んできました』と言うと、『馬鹿もん！　数珠は行者の命だぞ！』とさらに怒るんだ。

行に出るというのに、数珠を置き忘れていったことがよっぽど許せなかったんだね。そのときは、なんでこんなにこっぴどく怒られるのか、よくわからないんだ。だけど、それからしばらく回峰を続けているうちに、それがわかるんだよ。

よく考えると、飯室回峰の道筋っていうのは、お墓がたくさんあるの。慈忍《じにん》和尚のお墓、元三《がんさん》大師のお墓、慈覚《じかく》大師のお墓、恵心僧都《えしんそうず》のお墓……偉いお坊さんのお墓をお参りしているんだな。実拝だよ。道の両側に百基ぐらいのお墓が並んでいるところもある。先達のお墓を回向して歩くのに、数珠を持っていかないなんて、考えられないことだよなあってね。

お爺からは、『お前が歩いている道は、行者の墓場だぞ。肝に銘じとけ』とよく言われていた。千日回峰行は死と背中合わせなんだぞ、生半可な行ではないんだということを言っているんだなって思っていたけれど、実際に生と死の行き交う場所なんだよ。

そうやって、大事なことが身体に叩き込まれていった。

お爺はわしにこういう句を詠んでくれた。

『行き道は　いずこの里の　土まんじゅう』

行のさなか、どこで死んでもいいと思え、とね。わしはそれを書いたものと、行き倒れたときに人に迷惑にならないように葬式代として十万円を懐に入れていたよ」

鬼の目にも涙

「お爺は、経験者だからこそわかる知恵もいろいろくれた。

冬場に凍える身体で戻ってくると、つい温かい湯で足を洗って温めたくなる。でも急激に温めると、皮膚がベロリと剥がれて大変なことになるんだよ。明日歩くことができなくなる。

わしは箱崎のお爺からそれを教えられていたから、水をかけてから徐々にぬるま湯にして少しずつ温めていった。毎日歩きつづけるためには、そうやって足をいたわることも大事なんだよ。

案外、優しいところもあってな、ある日、風呂を沸かしていたときに薪が足りなくなってさ。周りを見るとお爺が大切にしている植木が目に入ったんだ。この木を薪にして焚けば、お爺が風呂に入る時間に間に合うと思った。そりゃあ叱られるのはわかっているけど、薪が間に合わなくたって『ぬるい』と叱られるわけだよ、だったら、くべてしまえと思ってね。

風呂に入ったお爺が言ったんだ。

『おい、酒井、今日の湯はぬくいなあ、とてもいい湯だぞ』

冷や汗が出た。お爺が風呂から上がってから、雷が落ちるのを覚悟して正直に話したんだ。ところが怒らなかった。

『そうか、格別いい湯だった道理だなあ』

と言ってくれたんだ。

わしが大変なことはわかっていたんだよ」


箱崎老師の優しさ、人情味のある人柄を、酒井先生は身内のことで感じることがあったともいいます。

冬の寒い日に、身内に迷惑をかけていた親戚が訪ねてきました。先生は怒って、すぐに追い帰した。そのときに箱崎老師は言ったそうです。

「酒井よ、ここまでわざわざやってくるほどだから、よほどのわけがあったはずよ。せめて小遣銭ぐらいは渡してやったんだろうな」

厳しいばかりではなく、そういう情の深いところもある師でした。

「箱崎お爺は、長く閉ざされていた飯室回峰を再開して百日回峰をやった先達だ。だがそれに続く行者がいないと、また廃れてしまう。わしが飯室で千日回峰をやることで、お爺が開いた道の再興につながるんじゃないかと考えたんだ。

厳しく育ててくれた老師に報いるには、それがいちばんのお礼になるんじゃないかとね」

箱崎老師は酒井先生を叱咤激励して立派な行者になるべく育て、酒井先生は師のその思いに見事応えました。ときには悪態をつきながらも、二人の間には、「飯室回峰の再興」という同じ夢があったのです。

仏様に嘘はつけない

千日回峰の最大の苦行といわれるのが「堂入り」です。九日間、不眠、不臥、断食、断水でお堂に籠り、十万遍の不動真言と法華経を唱えます。その苛酷さは「生き葬式」と呼ばれるほどでした。

「堂入りの前に、一山の先達たちとか、身内に、今生のお別れとして『斎食《さいじき》の儀《ぎ》』というふるまい儀式をするんだよ。最後の食事だな。それから、あの世に持っていかれないから、貯金とか全部おろしたりする。生きて出てくる保証がないからね。

わしの『堂入り』をNHKがカメラで撮っていたと知ったのは、千日回峰を満行してからのことだ。NHKが堂入りの行者の姿を撮影させてほしいと本山（延暦寺）に頼んだところ、小林隆彰師が許可されたのだという。そんなことをわしは何も知らされていなかったからな。

その映像のおかげで、わしのお堂のなかでの様子は証明されることになったわけだけど、そういうことがなくてもね、仏様には全部見られているから、行者は嘘をつけないんだよ。

回峰行は、山の中で誰も見ちゃいない、ごまかして、『ちゃんとそれぞれの場所でやることをやって、拝んできました』と言うこともできる。

だけど、仏様との約束を破ったら、行者としての自分が自分でなくなってしまう。仏様に嘘をつけないということは、自分に嘘をつけなくなるってことだよ。ごまかしをやったら、その事実を本人は一生抱えて生きていかなければいけない。人はあざむけても、自分自身はあざむけないよ。

仕事だって、なんだって同じじゃないかな。

仏様との約束といっても実感が湧かないかもしれないけど、そういう人は、『絶対に破ることのできない相手との約束』だと考えればいいじゃない。そうすると、覚悟ができるというか、肚が決まる。

『お天道様に顔向けできないことはしちゃいけないよ』って昔はよく言ったもんだ。それをやったら、自分はお天道様に向かって堂々と胸を張れるかって言っていたんだね。

それはそんなに難しいことじゃないんだよ。毎日、ちょこっと『よい行い』をすればいい。嘘をつかないとか、ごまかさないとか、小さな人助けとか、いろいろあるじゃない。

い。自分ができる範囲でいい。一日一善ではないけど、そういうことをしていたら、お天道様に正々堂々と顔向けできる。

毎日そういう過ごし方をしていると、少しずつ心が落ち着いてくるものなんだよ。みんなの生活だって、今日はここまで、疲れているからと思ってインチキしてもいいか、なんて思うこともあるよね。でも、それをするとかえって二重の手間がかかるときがあるんだ。

それなら最初からちゃんとしておけばよかったと思うことがあるじゃない。それが企業だったらその看板があるから大変だよね。大騒ぎになるし、そうなると一個人ではなくなって、社会的信用もなくしたり、へたすると倒産だよ。だからちょっとだけならいいかなんて、ごまかしたりすると、後から大変なことになるんだね」

千日回峰行とはどんなものなのか。輪王寺のある僧侶の方がこんなことを言っていたことがあります。

「私たちが百日回峰するだけでも本当に大変なことです。千日回峰行がいかに大変なことか、それはやっぱり少しでも経験したことのある人間でないとわからないでしょうね。その千日回峰行を二度も満行するということがどれほどの偉業なのか、酒井大阿闍梨が続けられていた努力は並大抵のものではありません」

しかし酒井先生は、「自分はただがむしゃらにやってきただけ」「走ってきて、お坊さんになったなんて、おこがましいんだよ」と笑顔で話されます。

「わしなんてこの叡山という大きな舞台で千日回峰行をさせてもろうたことで、みんなが騒ぐのであって、もし名のない山を歩き回っているだけだったら、話題にもならないよ。回峰行をやらせてもらえたというのは、叡山の千二百年の歴史に支えていただいている、お山のおかげなんだよ。

だから、『自分の力でやりました』みたいなことは言えないよね。

みんなから『生き仏だ』なんて言われてありがたがってもらっても、それはわしの力じゃない。わしなんて何にも持っていないんだよ。叡山という後ろ盾がなければ、なにもない」

つねに小さな「よいこと」
をしていれば、
心はやすらかになっていく。

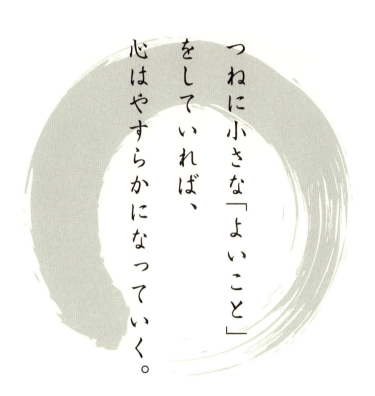

そのお顔がとても美しく見えたのを鮮明に覚えています。

すごい人ほど謙虚なのです。

経験は知恵となり、他者への理解になる。酒井先生はそれを地でいった人ではなかったでしょうか。

十万枚大護摩供の掟

千日回峰を満行すると、普段の護摩供とは違う「大護摩供」をします。

大護摩供は密教の秘儀で、七日間、断食、断水する中で、不動明王の真言を唱えながら、信者から寄せられた護摩木を焚いて祈祷するもの。比叡山では「火あぶり地獄」などといわれています。

「身口意《しんくい》の三密」といって、「手（身）」で印を結び、「口」で真言を唱え、「心（意）」を仏様と一体化します。仏様の三密と衆生の三業（体と口と心の働き）を結びあって、仏様の慈悲を受けるということです。

大護摩供の場合、事前に百日間の塩抜き、五穀断ちをします。米、麦、粟、豆、稗といった穀物類を口にしない。それだけではなくて、実際には海藻類や果物も食べてはいけないことになっているので、ほとんど食べられるものがなくなってしまいます。

でも大護摩供は体力が要ります。何か食べて体調を整えなければいけない。ジャガイモを蒸かして食べたり、クルミを食べたり、キャベツや長芋を千切りにして粉をまぶしておせんべいのように焼いて食べます。塩抜きだから、味はつけられません。

「食べ物は、得度した弟の飯栄たちが用意するんだけど、作るほうも手間がかかって大変なんだよ。

なぜ塩と五穀が禁じられているのか、ちゃんと意味がある。護摩焚きのときに大火傷しない身体にするためなんだ。

護摩の火力はすごいからね。それを七日間焚きつづける。一日何千本を焚いていると、火炉の前はとんでもない高温になる。事前に塩を抜いておかないと、身体がもたない。

火傷して大変なことになるんだよ。

プロ野球の選手が、シーズンが始まる前に護摩焚きをしたというニュースが流れることがあるけど、真っ赤な顔になってるでしょ。あれが続くと思えば、火傷するというのがわかるんじゃない。塩を抜かないでやるから大変だよね。

寝るのだって横臥はダメだからね。

護摩木の一本一本にその人の思いがこめられている。皆さんの祈願をいいかげんに扱うことはできないわな。一つずつ声を出して読み上げて、その願いが不動明王に届くように祈りをこめて拝んで焚く。いいかげんな気持ちでは護摩は焚けないよ」

一度目の千日回峰満行後、飯室谷に護摩堂が建立されました。

飯室谷の再興を願う酒井先生の悲願であり、先生を支えてきた身障講《そくしょうこう》という信者組織をはじめ、多くの信者さんたちの希望でもありました。

「ここまで来たのも、応援を続けてくれた方たちがあってこそ。わしみたいな落ちこぼれを一人前にさせてもらったんだ」

と先生は話します。

酒井先生には、大手建設会社で働いている弟さんがいました。その弟さんを中心にして多くの方々からお力添えをいただき、信者さんたちに助けられ、護摩堂完成となったのです。護摩堂建立と同時に、全国各地に「阿闍梨会」が立ち上げられ、飯室谷不動堂長寿院は千日回峰を満行した酒井大阿闍梨が護摩供をしてくれるお寺として、次第に多くの人に知られるようになりました。

酒井先生は、利他で生かされているわけだからと、護摩供を非常に大事にされていました。月に二度行う通常の護摩供では一度に三千本ほどの護摩木が集まってくるのが普通でしたが、一回目の千日回峰満行後の大護摩供のときは、全国から十五万三千本以上が集まりました。

二回目の大護摩供のときはそれを上回る十八万本以上の護摩木が集まり、護摩供はすさまじさを増していったのでした。

あるとき、取材で護摩供の様子を撮影したことがありました。そのときには誰も気がつかなかったのですが、その後、写真を撮影したカメラマンから、「不思議なものが写っています」と連絡がありました。見ると、たちのぼる護摩の煙が、白い龍が昇っていくような輪郭で写っていました。酒井先生にお見せすると、

「ああ、白龍が出たか」

とこともなげに言われました。

人の煩悩を護摩木に託して焚くと、その炎や煙はそのときどきでいろいろな形状になるものだというのです。

「よくわからんけどな、何か意味があるんじゃないの」

護摩木に託された人の願いが念として護摩木に宿っている、だから当然だろうと先生は言われていました。

この白龍の煙のように不思議なことが、酒井先生の周りではよく起きました。話だけ聞いていると「そんなことあるか？」と思うかもしれませんが、実際にその現象を自分の目

で見、肌で感じていると、摩訶不思議なこととは思えなくなってくるのです。

行者として常人がなし得ないことをやってこられていることで、感覚や身体能力が研ぎ澄まされていくのではないかと思うのです。

行に終わりはない

千日回峰行を二度満行した後も、酒井先生の行はずっと続いていました。

一九九〇年に十五年ぶりに山を下りると、各地を巡礼する旅を始めたのです。このとき六十四歳でした。

京都御所を出発し、中山道を東京は上野の寛永寺まで七五〇キロ歩きました。二十二日間の行脚のうち、十三日間が雨、台風が三度通過しました。

翌一九九一年には中国に渡り、山西省にある仏教の聖地、五台山《ごだいさん》を巡礼しました。日本人と中国人の僧十一人が随行、第三代天台座主で延暦寺の中興の祖でもある慈覚大師（円仁）が四日間で歩いたという道を、同じように四日間で歩きました。

歩く行は続きます。一九九二年の五月から六月にかけて、慈覚大師の足跡を訪ねて、東北巡礼の旅に出ます。栃木県岩舟町から青森県の恐山まで「奥の細道」を歩きました。大阿闍梨と一緒に歩きたいという人は行者、信者のみならず、行列は百人を超えることもありました。

一九九三年の五月には、九州、大分県の国東半島に点在する霊場を巡礼しました。急斜面の岩壁に彫られた仏像を拝むため、岩を飛んだり、崖をよじ登ったり、険しい山肌を登る厳しい行程およそ百キロを、四日間で走破しています。

さらに翌一九九四年六月から七月にかけて、山口県の大恩寺からスタートして、これも慈覚大師の足跡をたどって中国地方各地を巡礼しました。

一九九五年六月には、ヨーロッパに足を延ばします。バチカンのサン・ピエトロ寺院で当時のローマ法王ヨハネ・パウロ二世と謁見、キリスト教の聖壇に、仏教の阿闍梨として上がりました。この旅ではアッシジ街道を歩いています。

一九九六年には、中国、天台智顗《ちぎ》の聖蹟・天台山へ。行者十一人と信者が同行しました。天台山は、箱崎老師が参りたいと言っていたところでした。酒井先生はこのとき七十歳、しかし、随行者の誰よりも健脚で、歩いているといつの間にか行列と差が開いてしまうのです。

先生と一緒に温泉に入ったことがありましたが、その脚は競輪選手のように太くたくましかったことをよく覚えています。

なぜ歩くのかという問いに、先生はこう答えました。

「わしには生きることは歩くことなんや。ただ地面見て、一歩ずつ、一歩ずつ足を前に進めていく。それ以外にない。

行に終わりはない、無始無終や。人生も同じ。生きているかぎり、行は続くんだよ。

自分の本線が定まると、人は強くなれる。いいかげんで、ちゃらんぽらんだったわしも、本線が定まってフラフラしなくなった。自分の残りの命は行者として捧げると心が決まったらからだよ。『後がないんだぞ』という覚悟が据わると、力が湧いてくるものなんだ。雄心勃勃《ゆうしんぼつぼつ》だよ」

行に終わりはない、
無始無終や。
人間は生まれたときから
行をやっていて、
死ぬまで行なんだよ。

第四章

普段着の阿闍梨さん

旅に出ると鞄が増える

飯室谷の先生の自坊の一室には、あまり使われた形跡のない新品同然の鞄がいくつもありました。それも荷物がたくさん入る大きなものばかりです。どうしてこんなに鞄ばかりあるんだろうと、ちょっと不思議に思ったものです。

あるとき、なにげない会話でその謎が解けました。

先生と私がエジプトに行くことになったときのことです。お寺で留守番をしている飯栄さんが、私にこう言ったのです。

「鷹梁さん、向こうで阿闍梨さんに鞄を買わせないでくださいね。どこかに旅をするたびに、阿闍梨さんはお土産をどっさり買ってこられるんです。それを入れるために、旅先で鞄を買うんですよ。だから鞄がどんどん増えて困っているんです。頼みますよ」

無造作に置かれていたいくつかの鞄は、先生がお土産を入れるために買ってこられたものだったのです。

実際、一緒に旅行をしていると、先生は買い物をするのが好きなことがわかりました。

とにかくお土産をたくさん買われるのです。エジプトのカイロに行ったときには美味しいチョコレートをどっさり買っていました。

「先生、そんなにたくさんどうするんですか」

と聞くと、

「信者さんとかね、みんなにあげるんだ」

と笑顔で答えるのです。

先生は、とにかく人に喜んでもらうことがうれしいのです。つねに「利他」の心、他人のために何ができるかということを考えていました。

ですから、周りの人が困って苦言を呈しても、鞄は増えていくばかりでした。


あるとき、オランダのスキポール空港でトランジットの時間がけっこうあったことがありました。先生と私で、二人でいろいろなショップを見て歩いていると、とても素敵なシステム手帳がありました。じっと見ていると、

「それ気に入ったの？　これとよく似た手帳、わし持っているよ。使っていないから、

お山に戻ったらな、それを君にやるよ」

と先生が言うのです。

「いえ、そんなことをしていただくわけには……」

先生に押し切られ、私はお言葉に甘えて手帳をいただくことにしました。それはいまも私の宝物になっています。

阿闍梨さんのお汁粉

人に喜んでもらうことというと、お正月にふるまいとして出すお汁粉のことも忘れられません。

「お汁粉、食べていきな。わしが作ったんだよ」

ニコニコしながら信者さんやお客さんに勧めます。

普段はなんでも謙遜して言う先生ですが、お汁粉についてはちょっと違います。

「わしのお汁粉はね、ほら、小豆の粒が割れていないでしょ、小豆がふっくらきれいに煮えていて、おいしいんだよ」

と自信いっぱいでした。

そのお汁粉をお客さんに出すために台所で温める人には、

「いいかい、沸騰させちゃダメだからね。沸騰させたら粒が割れてぐちゃぐちゃになっちゃうからね」

と口酸っぱく注意していました。

食べたお客さんが、

「これ、本当に阿闍梨さんが作ったんですか。すごくおいしいですね」

と言ってくれたときのうれしそうな笑顔が、いまも瞼にしっかり焼きついています。

高倉健さんとの絆

人柄に惹かれて先生を慕うなかには、有名人の方もいました。しかし先生は、ご自分からそのことを口外することはありませんでした。

相手の方が雑誌か何かで先生と交流があることを公にすると、

「そうだねぇ、そういえばお寺に来られたこともあったかなあ……」

と言う程度だったのです。

長いお付き合いのあったなかのお一人に、高倉健さんがいました。

健さんが最初に飯室に来られたのは、まだ箱崎老師が住職を務めている頃のことだったそうです。その後、酒井先生が長寿院を継いでからもずっとお付き合いが続き、健さんはときどき一人でふらりと飯室を訪れ、先生といろいろな話をして過ごされたといいます。

高倉健さんが書いた「最期の手記」(「文藝春秋」平成二十七年一月一日発行号)に、酒井先生との関係がこんなふうに綴られています。

〈酒井さんが阿闍梨さんになられ長寿院を継がれてからも、不思議な縁は途切れることがなかった。大抵は日帰りだったが、四、五日、泊りがけの時には、一緒に僕の映画を観たり、きつねうどんを食べさせて戴きながら、修行中のお話を伺った。修行中、山道の途中で唸り声とともに出くわした野犬二匹が、やがて阿闍梨さんを先導するかのように一緒に山道を歩くまでになったとか。かといって、最後までついてくることはなく、必ず山のある場所で離れていくのだという。

いつも温和な阿闍梨さんが香を焚き経を唱え始めると、その煙が微動だにせず、真っすぐにひたすらまっすぐに立ち上っていった。その様にただならぬ気を感じた僕は、阿闍梨さんにそのことを伝えると、ご覧になりましたか。というように、ただ静かに頷かれていらした。

「南極物語」という映画のオファーを受け、出演を迷っていた時、阿闍梨さんに戴いた言葉は、「往く道は精進にして、忍びて終わり、悔いなし」。

阿闍梨さんからの最大のエールに思えた。〉

先生が慈恵医大に入院していたある日、高倉健さんから連絡があり、一人で先生のお見舞いに来られたそうです。

夕方、私が病院に行くと、先生はその日誰が見舞いに来てくれた、といった話をしてくれたものですが、

「今日は健さんが来てくれたんだよ」

とうれしそうに話されたのです。

そして、ひとしきり健さんとの思い出を懐かしそうに語ってくれました。

「『鉄道員《ぽっぽや》』っていう映画があったじゃない。あの撮影中に、健さんが『阿闍梨さん、撮影所に遊びに来ませんか』って言ってくれてね、映画のセットの見学に行ったこともあったなあ」

それは私がはじめて聞く話でした。

先の高倉健さん「最期の手記」の締めくくりには、もう一度酒井先生の言葉が記されていました。

〈僕は、志があって俳優になった訳ではない。思いもよらない変化をかいくぐりながら、出逢った方々からの想いに応えようと、ひたすらもがき続けてきた。

「往く道は精進にして、忍びて終わり、悔いなし」

阿闍梨さんが浮かべる満面の笑みとともに、僕に一つの道を示し続けてくださって

いる。　合掌〉

先生と高倉健さんは、きっとあちらの世界で再会できたに違いないと私は信じています。

先生の好きなテレビや映画スターの話もたくさんしました。

『鬼平犯科帳』を一緒に観ていると、

「この頃の時代劇はお金がかかっているね」

と話されます。

「この中村吉右衛門の『鬼平犯科帳』も評判がいいし、面白いね。わし、『鬼平』のDVDはね、セットを全部買って観たんだ。物語が面白い。結末はわかっているけど、それでも楽しいよね」

『銭形平次』や『水戸黄門』、藤田まことさんの『必殺仕事人』と、ひと頃の時代劇を懐かしんで話されていました。

「そういえば、先生を撮影したDVD『みのり』の制作会社は、日曜日の『笑点』を制作している会社なんですよ」

「そんな有名なところでわしを撮ったの？」

「何を言ってるんですか、先生はもうＮＨＫの番組で全国的に知れ渡っていますよ」

そう言うと、先生は愉快そうに笑います。

ＤＶＤ『みのり』では、酒井先生の信条をシンプルに「むりせず、いそがず、はみださず、りきまず、ひがまず、いばらない」という言葉で表現されています。

東京ドームで野球観戦

先生は野球が大好き、それも無二の阪神ファンでした。

東京での入院中、気晴らしをしていただきたいと考え、二度、野球観戦に行きました。

星野仙一元監督や真弓明信元監督とも面識があり、真弓元監督には、旅行先で虎のぬいぐるみを土産に買うほど、懇意にしていたようです。

東京ドームでの巨人—阪神戦にお誘いすると、

むりせず、
いそがず、
はみださず、
りきまず、
ひがまず、
いばらない

「ほな、観に行こうか」

となりました。

一度目は阪神側の内野スタンドで観戦しました。あいにく阪神が劣勢でした。流れは完全に巨人にあり、挽回は難しそうだったこともあり、外出が長時間におよんでもいけないので大事をとって、七回表で病院へ戻りました。

「阪神はピッチャーがダメだね。打たれてばかり」

先生は残念がっていました。

二度目も東京ドームの巨人—阪神戦でした。今回は少し早めに計画し、先生に喜んでもらおうと、できるだけいい席を探しました。

とった席は芝生席です。マクドナルドエキサイトシートというグラウンドにいる選手と同じ目線で試合を観られる席を確保することができたのです。

前回と同じ入り口からドームに入り、球場の階段をどんどん下りていきました。一番下まできたところで、先生は「どこなの？」という怪訝そうな顔をされました。

「もっと下です」

と言うと、

「この先はもうグラウンドに出ちゃうよ」

「グラウンドでいいんです。ここに席があるんですよ」

「へえ、よくこんな席がとれたね。それも前から三列目じゃないの」

驚かせたいと思って、席のことは黙っていたのです。

先生は大変喜んでくれました。

この日も阪神は負けてしまいました。

「また負けだったね。でも、こんなに間近に選手たちが観られて面白かったよ」

勝負の結果は残念でしたが、先生が終始ニコニコして楽しそうに観戦されている姿を見て、私もうれしくなりました。

エジプト「弥次喜多」旅行

酒井先生はもともと、人類の壮大な歴史が残るエジプトのカイロに行ってみたいと思っていたようです。

根本中堂の催事で考古学者の吉村作治先生と面識をもっていたこともあり、先生はエジプトの歴史に興味を抱いていたのだと思います。

吉村先生と酒井先生と私（鷹梁）の三人で行くエジプト旅行の計画を立てていましたが、吉村先生が学術会議と日程が重なり、行けなくなってしまったのです。

「学術会議じゃ仕方ない……。吉村先生もお忙しいからな」

先生の言葉に、私は、エジプト行きは延期だなと思ったのですが、

「それじゃあ、わしと君とで、弥次喜多道中といこうか」

と言いました。私は、

「えっ？　私はアラビア語なんてまったくわかりませんし、英語もおぼろげです。それに、イスラム圏は政情が不穏ですから、危ないこともあるかもしれませんよ」

と言ったのですが、

「何とかなるよ、行こうよ」

と先生は言います。

不安もありましたが、先生がここまで乗り気なのだからと考え、エジプト旅行の手配を進めることにしました。


二〇〇八年二月十二日、飛行機はルクソール経由でカイロに入りました。

夜に着いたルクソールでは飛行機の給油時間があり、飛行機から降りることはなかったのですが、先生は機内の窓から見たお月様の大きいことに感動されて、童謡「月の砂漠」を口ずさんでいました。

神々しく照らしだす月が見たこともないほど大きくて、エジプトの神々が、酒井先生がこの地に来たのを祝福しているかのようでした。

カイロに着き、コーディネーターと合流しました。

エジプトは観光地といっても英語圏とは違い、独特の雰囲気があります。

ホテルに着いたのは現地時間で深夜一時過ぎ、周りは暗く何も見えなかったのですが、夜明けとともに、窓の外にピラミッドのシルエットが浮かび上がってくるではありませんか。私は高揚する気持ちを抑えられず、先生の部屋に行きました。

ギザの三大ピラミッドの近くだったのです。

間近に見るピラミッドは想像以上に大きく、圧倒され、映像で観ていたのとは存在感が違いました。

「現地に来ないとわからないものだね、このすごさは」

酒井先生も本物のピラミッドに感動している様子でした。


この日の午前中、さっそくカフラー王のピラミッドに行きました。中に入れるのです。先生は狭い石の入り口からどんどん中へ入って行きます。行き着いたところに石棺が置いてあり、そこでたたずんでその空間を感慨深げに眺めていました。

その後、有名なスフィンクスを見て回り、ギザ台地の雄大さに見惚れていました。

コーディネーターに案内されて行ったギザ台地のさらに上の丘からは、三大ピラミッドだけでなく、たくさんのピラミッドを眺めることができました。ラクダの背に乗って記念写真を撮ったりした後、午後は少し離れたメンフィス、サッカラ、ダハシュールと観光が続きました。

次の日は、早朝にカイロから国内線の飛行機に乗ってアブシンベル、アスワンへと向かいました。最初は、アブシンベル神殿を訪ねました。

もともとあったところにダムが建設されることになったとき、この素晴らしい建造物を水底に沈ませてしまうのは惜しいということで、移築され、世界遺産創設のきっかけとなった遺跡です。

「ダムができて、ナイル川の氾濫とかがなくなったんでしょ。だからダムを造ることも大事だったわけだけど、そのときにこの素晴らしい建物を遺さなくてはと考えたことはすごいことだね。これはやっぱり人類の財産だな」

先生は言いました。

神殿の中心に太陽神ラー・ホルアクティ像が置かれています。年に二度、太陽の光が神殿の中まで差し込む日があります。二月二十二日と十月二十二日、その日は世界各国から観光客が押し寄せるといいます。

岩窟神殿を建築した当時の古代人たちに思いを馳せ、その強靭な力に圧倒されました。

アブシンベル神殿を後にしてアスワンへ行き、ナイル川遊覧を楽しんでいると、岸に素敵なホテルが建っているのが見えました。アガサ・クリスティーが愛し、定宿にしていたホテルだとコーディネーターが教えてくれました。『ナイル殺人事件』などのサスペンス作品は、あそこで生まれたものだったのでしょう。

異国の地で平和を願う

翌日は、バスに乗ってコム・オンボ神殿とホルス神殿に向かいました。

土産店が並ぶ賑やかな街でした。回峰行で鍛えぬいた健脚の酒井先生は、軽快にスタスタ歩いていきます。

昼食のとき、どこからかコーランが聞こえてきたので窓から外を見ると、現地の人が祈りをささげている姿が見えました。イスラム教では偶像崇拝を禁じていますから、仏像などが一切ありません。何に向かって祈るかというと、聖地メッカの方角に向かって祈るのです。ひれ伏し、床に額をつけて祈る人々の姿を、先生とじっと見つめていました。

ルクソール神殿は、アレキサンダー大王が再建したといいます。アメンホテプ三世の中庭、ラムセス二世の倚像もあり、塔門には、歴史的にも有名なガデシュの戦いのレリーフが彫られています。夕方からはライトアップされ、昼間とは違う顔を映し出し、その壮大さを演出するのです。

その翌日はルクソール・ナイル川の西岸地区、ツタンカーメン王の墓がある王家の谷に行きました。砂漠の中にある山々の景色を車中から眺めていると、突然現れる王家の谷。正面の山は標高がかなり高く、頂上はピラミッド型をしています。

一帯にはお墓の跡と思われる遺跡がいくつもありますが、やはりツタンカーメン王の墓がいちばん人気です。

案内されたツタンカーメン王の墓の入り口から奥へ進んでいくと、壁画には古代の人たちが描いた絵や象形文字が並んでいます。それは芸術作品とでもいえる素晴らしさでした。かつてこの遺跡の発見時、その衝撃に沸いた歓声が聞こえてくるようでした。

玄室に置かれているツタンカーメン王の黄金の棺に、酒井先生は、

「ツタンカーメン王の棺を、現地で自分の目で見られるなんてね、やっぱり来てよかったね。この色鮮やかな壁画を描く技法はどこからきたんだろうね。それに使用する顔料などはどこからきたのか。興味が尽きないね。黄金のマスクは博物館にあるんだろ、それを見るのがますます楽しみになってきたじゃない」

と言葉を弾ませていました。

ツタンカーメン王の墓を出て王家の谷を後にして、再びルクソールへと戻る途中、ハトシェプスト女王葬祭殿にも立ち寄りました。一九九七年にテロ事件が起き、観光客も犠牲になった場所です。事件から十年以上経っていましたが、いまだにテロの余韻が残っているようで、遺跡の周りには肩から銃を下げている兵士の姿がありました。

コーディネーターは、「いつどこから弾が飛んでくるかわからない」と心配そうです。

酒井先生は人々の幸せを願い、平和についても深く考えていました。

「日本は平和だからね。こっちの人は安心して寝ていられない。国と国とが地続きだからね。争いが起きると、いつ襲われるかもしれない。それを考えたら、わしらは住んでいる日本の国を大切にしないとなぁ。こういう現実を見ると切実だよね。

だいたい日本人は、世界から見たら人口は少ないんだから、お隣さん同士でいがみ合ってもしょうがない。まず一人ひとりが考えてもみなさいよと言いたいね。この地球に生かされていることを、もっとみんなが真剣に考えたら戦争なんてなくなると思うけどな。人間はどうしても領土争いや、自分の権利を主張するからね。

人間というのは、ついつい自分のことばかり考えてしまう。その結果、争いごとを起こしてしまうような性《さが》があるんだろうね。戦争になったら、悲劇しか起こらないとわかっているはずなのに、世界のいたるところで、いつまでも戦いが繰り返されている。

歴史的な建造物を見れば、貴重な物だから後世に残さないといけないと思う。

平和はたやすく手に入らない。だから国の指針を考えている政治家は、本当に大変な努力が必要と思うよ」

この地球に生かされている。
みんなが真剣にそう考えれば、
戦争なんてなくなると思うよ。
遺跡と同じで、
貴重な平和を後世に残そうよ。

ホテルで起きたアクシデント

昼食後は、ナイル川の東岸地区、カルナック神殿へ向かいました。

カルナック神殿へ到着すると、先生は、「ここも理屈抜きですごいねえ」と感心していました。

ルクソールから北に位置する神殿は、四十体ものスフィンクスが参道に並んでいて、「この時代の美的感覚は素晴らしいね」と話しながら入り口を入りました。

大列柱回廊へ入ると、パピルスの茎と花を模した柱が並び、その一本一本に古代エジプトの象形文字ヒエログリフが刻み込まれています。見入っていると、時空を超えて古代へと迷い込んだような感覚になります。

聖なる池に横たわる巨大オベリスク。ここの空間は別世界、いつまでもそこにいたい不思議な力を感じました。

ルクソールを後にして、空路カイロへ戻りました。

ホテルにチェックインし、その日は早めに夕食を摂り、それぞれ部屋に戻りました。その後に、ひと騒動起きたのですが、そのことを私は翌朝まで知らずにいました。

食事をして部屋に戻った酒井先生は、風呂へ入ろうとバスタブに湯を張っているうちに、疲れが出たのかウトウトしてしまったのです。

いつしかお湯は、バスタブをあふれ出しました。日本のホテルだと、浴槽から湯があふれてもうまく排水溝に流れるような構造になっていますが、そのホテルの浴室は、そういう造りになっていませんでした。

バスタブからあふれたお湯は、洗い場からフラットに続いている部屋の中までどんどん浸水してきてしまったのです。

先生が気づいたときには床にはお湯がたまってプール状態だったそうです。急いで蛇口を閉め、部屋を出てフロントへ駆けていきました。

ところがあわてていたため、部屋の中に鍵を忘れてインロック状態に。とにかくフロントで「ルーム！　ルーム！」と叫んだのだそうです。

フロントマンと部屋まで行き、ドアを開けると、敷いてあったカーペットがぐじょぐじょで、お湯が二センチぐらい溜まっていました。

バキュームである程度水を吸い取って、それからバスタオルを五十枚ぐらい敷き詰めて、水を吸い取りました。ホテルの支配人まで駆けつけてきたそうです。

申し訳なく思った先生は作業をしてくれたスタッフに多めにチップを渡したそうです。

翌朝、朝食のときに話を聞いてびっくりしました。隣の部屋にいたのに、私のところには、音もスタッフの声も何も聞こえてこなかったのです。

「先生、どうしてそのときに私を呼んでくれなかったんですか」

と言うと、

「君が何号室だったのかもわからなくなっちゃったんだよ」

と言います。

そこでハッとしました。いつもはそれぞれ部屋に入るときに、

「先生、私は隣の何号室ですから」

と伝えます。ところが、前日、私はそれを言い忘れてしまったことに気づいたのです。

「すみません、私が部屋番号をきちんとお伝えしていませんでしたね」

「いや、うっかり寝てしまったわしが悪いんだよ」

フロントに行って確認しますと、ホテル側は「大丈夫、気にしないでいい、すぐに乾くから問題ない」と言ってくれました。


その日の日程は、アレキサンドリアへ行き、ポンペイ遺跡などの観光でした。夕方ホテルに戻ってから先生の部屋に入ってみると、湿っているところなどまったくありません。窓は開けてありましたが、水浸しになった形跡は全然ありませんでした。

「本当に乾いたね、エジプトの気候のおかげかね」

昨夜のことが嘘のようだと先生は驚いていました。


夜はナイル川のディナークルーズへと出かけました。

ナイル川の対岸に映し出されるカイロの夕景、灯りがちりばめられた街並みをゆったりと眺めながら食事をしたのです。

途中で、ベリーダンスのショータイムが始まりました。ベリーダンスはエジプトが発祥の地。紀元前五世紀につくられた墓の壁画にもベリーダンサーが描かれているといいます。エキゾチックな本場のダンスを楽しみ、カイロの夜は更けていきました。

最終日、エジプト考古学博物館でツタンカーメン王のマスクなど、古代の展示物をたくさん観ました。

「これだけの遺跡を保存するのは大変だよ。お寺でも、国宝級の歴史資料を保存するのには管理が大変だからね」

近隣のモスクを訪ねた際、モスクの荘厳さ、装飾の美しさに先生は見入っていました。

兆し

「実際に行ってみないとわからないことがあるね。やっぱり行動と経験は大事だよ」

先生はそう言って、その後、年に一度くらいのペースで海外旅行に出かけるようになりました。南フランスのニース、モナコ、韓国、カナダのバンクーバーと、先生と私の弥次喜多道中は続いたのです。

バンクーバーから帰ってきてしばらくしてから、仕事の相談でお山に上がった際に、次の旅行のことが話題に上りました。

お寺の行事や仕事がなく、自由が利く日にちには講演や取材が入りますので、海外に行くような日程は早めに開けておかなくてはいけないからです。

「先生、次はどこがいいですか。アメリカの先住民の聖地を訪ねてみたいとおっしゃっていたことがありましたが、そういう旅もいいかもしれませんね」

すると、先生はこう言いました。

「来年ね、そうだなあ……、行けるといいがなあ、その時期は病院にいるかもしれないな」

「えっ、病院？　どこか身体の調子が悪いのですか」

「いまは、別になにもないよ、心配しなくていい……」

「そうですか。まあ旅行の話はいま決めなくてもいいですから、保留にしておきましょう」

その年の旅行は結局、実現しませんでした。

見たところ、先生はケガや病気もなくいつものように元気なご様子で、いつもと変わらずに、日常のお寺での業務を精力的にこなし、合間をみて地方講演に行かれたり、出版の仕事を進めたりされていました。

しかし、先生ご自身のなかでは、何か予感めいたものがあったのではないでしょうか。先生は感覚が研ぎ澄まされていましたから、自分の病気について、何か感じるところがあったのかもしれません。

いまになって思うのは、「あのときに私が先生の言葉を聞き流さず、病院できちんと検査を受けてもらっていたら……」ということです。

先生は癌が見つかった後にこう語っていました。

「自分は丈夫だし、体力もあるから、何かあってもなんとかなっちゃうと思っていた。元気すぎて自分の健康を過信していたんだね。毎日当たり前のように生活しているうちに、生かされていることへの感謝という大事なことを、ちょっと横に置いちゃうんだな」

生かされていることの
感謝を忘れてはいけない。
元気なのが当たり前と思っていると、
自分に反動が返ってくるんだよ。

衣を脱いだ「生き仏」

長寿院には、本山やお寺の行事などの予定を書き込むホワイトボードがありました。私がお山を訪ねる日のところには「鷹梁さん」とメモしてあったものです。

先生が亡くなってから、そのことについて慶子さんから、先生は私が来るのをいつもとても楽しみにしてくれていた、と教えてもらいました。

「ホワイトボードに鷹梁さんが来る日が書いてあったでしょう。阿闍梨さん、私に『あと二日で鷹梁君が来るんだよ』とうれしそうに言うんです。当日の朝は『今日は何時頃に来るかなあ』とニコニコしていましたね。私が『阿闍梨さん、すごく楽しみにしているんですね』と言うと、『お山の連中が喜ぶんだよ』って言うんです。いちばんうれしいのが阿闍梨さんなんですけど」

「そんなことがあったんですか、私にはそんなそぶりは全然見せてくれませんでしたよ」

私が驚いて言うと、

「阿闍梨さんはそういうことを直接言わない人でしたものねえ。入院しているときも、昼間私が付き添っていると、『もうじき鷹梁君が来るから、おまえはもう帰っていいよ』って。散歩に行くと言って外に出て、何か手にして帰ってきたと思ったら『鷹梁君が来るから、コーヒーを飲むために卓上の魔法瓶を買ってきたんだ』って、そんなことがよくあったんですよ」

「ああ、スターバックスのコーヒーを用意してくれていましたね」

「一緒にいて、とても楽しかったんじゃないですか。東京ドームに野球を観に行ったことなんかもすごくうれしそうに話してくれましたから」

涙がこぼれそうでした。

あるとき、旅先で先生から怒られたことがありました。現地でお世話になった方からお土産をたくさんいただいたので、私が先生の荷物をお持ちしようとしたときです。

「そんなことはせんでええ!」

珍しく、先生がきつい口調で怒られたのです。私は、何がいけなかったのかわからず、きょとんとしてしまいました。

翌日、「夕べは申し訳ありませんでした」と頭を下げると、先生はこう言いました。

「わしは、君を荷物持ちのつもりで連れてきているわけではないよ」

それ以上はいろいろおっしゃらないので真意はわかりませんでしたが、後になってから思うようになったのは、「先生は大阿闍梨として私に接してくださっているのではなく、対等な関係で心やすく付き合える相手と思ってくださっていたのではないだろうか」ということでした。

千日回峰行を二度もやった大阿闍梨としてあがめられるようになってしまったことは、ある意味で窮屈なところがあったのかもしれません。「生き仏」と呼ばれ、つねに周りから畏敬の念をもって見られつづけているというのは、なかなか息苦しいことです。ときには「大阿闍梨」としての衣を脱ぎたくなることがあったのではないでしょうか。

酒井先生ご自身は「来る者は拒まず、去る者は追わず」という姿勢を貫いていました。いろいろな人が寄ってくれば親身に接し、去っていくことにも何も言いませんでした。阿闍梨として、生き仏としての先生をあてにし、頼ってくる人は多くても、対等に、屈託なく接することのできる相手はそうそう見つからなかったのかもしれません。

わけあって、私が二、三週間、お山に上がれなかったことがありました。久しぶりの飯室での対面に、先生は、

「おお来たか。わしから逃げ出したかと思っていたよ」

と笑って言われたことがありました。先生の孤独の一旦を垣間見た気がしたものです。先生に対して図々しいことも言ってしまう私には、いつしか普段着の顔を見せてもいいと思ってくださったのではないかと、おこがましくも感じています。

そう思えるようになったことで、あらためて先生の言葉をできるだけいろいろな形で皆さんに伝えることが、いま生かされている私の使命なのではないか、と思うようになったのです。折に触れて語り聞かせてくださったことを思い返しながら、先生が身をもって伝えようとされていたことを綴っておかずにはいられなくなり、こうして一冊をまとめさせていただきました。

一生懸命、前向きに歩いていけば、
それが生きる力になるんだよ。

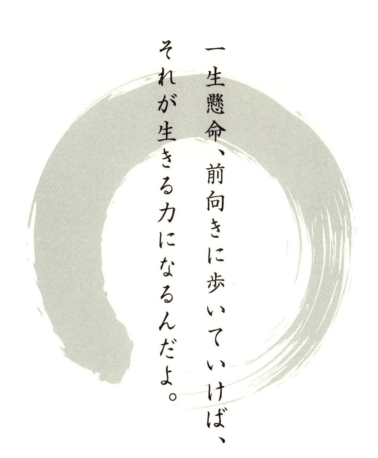

あとがき

鷹梁恵一

　ある日の深夜、原稿を書いていると、飼い猫がしきりに和室の襖を見上げています。家族によると、もう一時間近くもそうしているといいます。まるで「襖を開けてよ」と言っているかのように見えました。

　それに、なんか変わったにおいが和室からただよってくるようだ、ちょっと見てきてほしいと言われ、私は和室の襖を開けてみました。

「別に変わったことはないけど……」

　襖を閉めかけたとき、家族の言うにおいにハッとしました。

「これは、飯室谷の自坊で先生が焚かれている伽羅《きゃら》の香りじゃないか？」

　家族の皆は、なんで酒井先生のところのにおいがしているのだろうか、と不思議がります。

　私はふと、先生の魂がいらっしゃったのかな、と思いました。だから皆にも、「別に気にしなくて大丈夫だから」と言ったのです。

後日、原稿を持って飯室谷の酒井先生を訪ねたとき、私は先生に直球で聞いてみました。

「先日、先生うちに来てました？」

すると先生は、私の顔を見て微笑んでいるのです。来たとも、来てないとも言わないで、いつものようにお茶を淹れてくれました。

「動物は人間と違う能力が備わっているから、猫は何かを感じていたのかもしれないね」

まるで他人事のようにおっしゃいました。

後日、先生から伽羅の香木を見せていただきました。まさに、我が家の和室に漂った香りそのものでした。

＊

酒井先生にとって最後の著書となった『この世に命を授かりもうして』（幻冬舎ルネッサンス新書のち幻冬舎文庫）は、残念ながらお亡くなりになるまでに刊行することはできませんでした。

取材のときに先生が言った、

「この本が出る頃、わしもういないかもしれないよ」

という言葉が現実のこととなってしまいました。

その原稿が上がって、深夜に最後の確認作業をしているときのことです。

家族が玄関先の植木に不思議な蝶がいると言うので、見に行ってみると、その蝶には緑色の羽に黒の斑点があります。珍しい色をした蝶で、じっと盆栽の松の木に止まったままです。

気になって何度か見にいくと、ずっとそのままいるのです。酒井先生の魂が蝶に乗ってやってきて、近くで見守ってくれているかのように感じました。

思わず、

「先生、見守りに来てくださってありがとうございます」

と手を合わせてしまいました。

証拠のために携帯で写真を撮り、後日、酒井先生の妹である慶子さんに見せると、「それはやっぱり阿闍梨さんじゃないかしら」と言っていました。

蝶は言霊を運ぶと、以前ある僧侶から聞いたことがありました。ましてや、ご本人が完成を見ることができなかった著書のこと。深夜どこからか飛来して、気づかれるように玄関先の植木へ。それも私が大好きな緑色をしているのです。酒井先生からいただいたシステム手帳の色も緑色。きっと先生は覚えてくれていたのです。

行の最中に経験した不思議な話などを、先生から何度も聞いていましたから、奇妙な蝶が家に来たことにとくに違和感もなく、私は蝶に向かって、

「先生、来ましたね。御本も大丈夫ですよ」

と話しかけました。酒井先生があの世から飛来し、様子を見に来たのだと思ったのです。

*

執筆にあたっては、柏木慶子さんはじめご親族に多大なるご協力をいただきました。また、飯室谷阿闍梨会の皆様、酒井先生の信者の皆様からも力強い後押しをいただきましたこと、ここに記して御礼申し上げます。

また、この本の刊行に尽力いただいた編集者・青木耕太郎さん（『この世に命を授かり

もうして』担当）にも、改めて感謝の言葉をお伝えいたします。ありがとうございました。

私も酒井先生のように、仏様が迎えにきたら、「無駄な抵抗はやめなさい」と自分に言い聞かせ、先生が側に仕える閻魔大王様の前に行きたいと思います。それまでは日々精進して、人生の論文に書き加えていきたいと思います。

酒井先生が教えてくださったこと、いまようやく、私の中で少し学べたような気がします。先生の衣鉢《いはつ》を継ぐ志をもって、日々精進したいと思います。

先生が最期に残してくださった、「人生を楽しく過ごしなさい」の言葉を繰り返し、繰り返し、噛みしめています。私をお側に置いてくださいまして、本当にありがとうございました。

天台宗の僧侶であり稀代の行者であった酒井雄哉大阿闍梨は、良い意味で僧侶らしからぬ親しみやすさで、全国の皆さんに慕われていたお坊さんです。

この本が、何か悩みを抱えている方や、老いや死に向き合おうとされている方などに、ちょっとした考え方のヒントとなり、明るく生きていく道しるべになったら、とてもうれしく思います。

そして御本を読んでいただき、こういう人生を過ごされた僧侶がいたのだ、と知ってもらえたら望外の喜びです。

参考文献

『生き仏になった落ちこぼれ　酒井雄哉大阿闍梨の二千日回峰行』長尾三郎　講談社文庫
『二千日回峰行　大阿闍梨酒井雄哉の世界』菊池東太（写真）・野木昭輔（文）　佼成出版社
『自分の「ものさし」で生きなさい』酒井雄哉・村木厚子　日経ＢＰ社
『この世に命を授かりもうして』酒井雄哉　幻冬舎文庫
『文藝春秋』二〇一五年一月号

酒井雄諦（さかい・ゆうさい）

天台宗の僧侶。1926年、大阪府生まれ。太平洋戦争時、予科練へ志願し特攻隊基地・鹿屋で終戦。戦後、職を転々とするがうまくいかず、比叡山へ上がり、39歳で得度。７年かけて約４万キロを歩く荒行「千日回峰行」を1980年、87年の２度満行した。天台宗北嶺大行満大々先達大阿闍梨、大僧正、比叡山飯室谷不動堂長寿院住職を務めた。2013年９月23日、87歳で入滅。

鷹梁惠一（たかはし・けいいち）

株式会社メディアライン・ディ代表。終活アドバイザー（特定非営利活動法人らしさ資格）。認知症介助士（公益財団法人日本ファケット共育機構資格）。作詞家。補作詞「気まぐれ女の恋心」、作詞「さよならはお洒落に消しましょう」「晩鐘」他。

企画・文	鷹梁惠一
協　力	柏木慶子（旧姓・酒井）
構成協力	阿部久美子
写真協力	齋藤亮一（カバー、口絵 P1） 大槻 茂（口絵 P4 下、6、7） 井之上三郎（口絵 P3、4 上、5） 酒井栄治（口絵 P2） 鷹梁惠一（口絵 P8）
装　丁	菊池 祐
本文 DTP	荒木香樹

人生《じんせい》を楽《たの》しく過《す》ごしなさい
現代人《げんだいじん》の死生観《しせいかん》を問《と》う、大阿闍梨《だいあじゃり》最期《さいご》の言葉《ことば》

2019年9月23日　発　行　　　　NDC914

著　者　酒井《さかい》雄哉《ゆうさい》
発行者　小川雄一
発行所　株式会社 誠文堂新光社
〒113-0033　東京都文京区本郷3-3-11
（編集）電話 03-5800-5753
（販売）電話 03-5800-5780
URL http://www.seibundo-shinkosha.net/
印刷所　株式会社 大熊整美堂
製本所　和光堂 株式会社

ISBN978-4-416-71938-1